Bibliothek der Mediengestaltung

Konzeption, Gestaltung, Technik und Produktion von Digital- und Printmedien sind die zentralen Themen der Bibliothek der Mediengestaltung, einer Weiterentwicklung des Standardwerks Kompendium der Mediengestaltung, das in seiner 6. Auflage auf mehr als 2.700 Seiten angewachsen ist. Um den Stoff, der die Rahmenpläne und Studienordnungen sowie die Prüfungsanforderungen der Ausbildungs- und Studiengänge berücksichtigt, in handlichem Format vorzulegen, haben die Autoren die Themen der Mediengestaltung in Anlehnung an das Kompendium der Mediengestaltung neu aufgeteilt und thematisch gezielt aufbereitet. Die kompakten Bände der Reihe ermöglichen damit den schnellen Zugriff auf die Teilgebiete der Mediengestaltung.

Peter Bühler · Patrick Schlaich · Dominik Sinner

HTML und CSS

Semantik – Design – Responsive Layouts

2. Auflage

Springer Vieweg

Peter Bühler
Heubach, Deutschland

Patrick Schlaich
Kippenheim, Deutschland

Dominik Sinner
Konstanz, Deutschland

ISSN 2520-1050 ISSN 2520-1069 (electronic)
Bibliothek der Mediengestaltung
ISBN 978-3-662-66662-3 ISBN 978-3-662-66663-0 (eBook)
https://doi.org/10.1007/978-3-662-66663-0

Die Deutsche Nationalbibliothek verzeichnet diese Publikation in der Deutschen Nationalbibliografie; detaillierte bibliografische Daten sind im Internet über ► http://dnb.d-nb.de abrufbar.

Planung/Lektorat: David Imgrund
Springer Vieweg ist ein Imprint der eingetragenen Gesellschaft Springer-Verlag GmbH, DE und ist ein Teil von Springer Nature.
Die Anschrift der Gesellschaft ist: Heidelberger Platz 3, 14197 Berlin, Germany

Vorwort

The Next Level – aus dem Kompendium der Mediengestaltung wurde die Bibliothek der Mediengestaltung.

Im Jahr 2000 ist das „Kompendium der Mediengestaltung" in der ersten Auflage erschienen. Im Laufe der Jahre stieg die Seitenzahl von anfänglich 900 auf über 2.700 Seiten an, so dass aus dem zunächst einbändigen Werk in der 6. Auflage vier Bände wurden. Trotz dieser Verbesserung haben wir von Ihnen, liebe Leserinnen und Leser, die Rückmeldung erhalten, dass die dicken Bände – im wahrsten Sinne des Wortes – untragbar seien.

Dies führte uns zu dem Entschluss, das Kompendium zu modularisieren und in eine Bibliothek der Mediengestaltung, bestehend aus 26 Theorie- und 4 Praxisbänden, aufzuteilen. Diese Aufteilung wurde von Ihnen, liebe Leserinnen und Leser, sehr begrüßt, denn schmale Bände bieten eine Reihe von Vorteilen. Sie sind erstens leicht und kompakt und können damit viel besser in der Schule oder Hochschule eingesetzt werden. Zweitens können wir nun auf Veränderungen in der Medienbranche schneller und flexibler reagieren. So liegen einige Bände bereits in der 2. Auflage vor. Und drittens lassen sich die schmalen Bände günstiger produzieren, so dass alle, die das Gesamtwerk nicht benötigen, auch einzelne Themenbände erwerben können.

Bei der Auswahl und Aufteilung der Themen haben wir uns – wie beim Kompendium auch – an den Rahmenplänen, Studienordnungen und Prüfungsanforderungen der Ausbildungs- und Studiengänge der Mediengestaltung orientiert. Eine Übersicht über die insgesamt 30 Bände der Bibliothek der Mediengestaltung finden Sie auf der rechten Seite.

Die Bibliothek der Mediengestaltung richtet sich an alle, die eine Ausbildung oder ein Studium im Bereich der Digital- und Printmedien absolvieren oder die bereits in dieser Branche tätig sind und sich fortbilden möchten. Weiterhin richtet sich die Bibliothek der Mediengestaltung aber auch an alle, die sich in ihrer Freizeit mit der professionellen Gestaltung und Produktion digitaler oder gedruckter Medien beschäftigen. Zur Vertiefung oder Prüfungsvorbereitung enthält jeder Band zahlreiche Übungsaufgaben mit ausführlichen Lösungen. Zur gezielten Suche finden Sie im Anhang ein Stichwortverzeichnis. Alternativ können Sie auf bi-me.de, der begleitenden Website zur Bibliothek, Stichworte eingeben, nach denen dann in allen Bänden gesucht wird.

Ein herzliches Dankeschön geht an Herrn David Imgrund und sein Team vom Verlag Springer Vieweg für die Unterstützung und Begleitung dieses Projekts sowie an unsere langjährige Lektorin Frau Ursula Zimpfer. Ein großes Dankeschön gebührt aber auch Ihnen, unseren Leserinnen und Lesern, die uns in den vergangenen zwanzig Jahren immer wieder auf Fehler hingewiesen und Tipps zur weiteren Verbesserung der Bücher gegeben haben.

Wir sind uns sicher, dass die Bibliothek der Mediengestaltung eine zeitgemäße Fortsetzung des Kompendiums darstellt. Ihnen, unseren Leserinnen und Lesern, wünschen wir ein gutes Gelingen Ihrer Ausbildung, Ihrer Weiterbildung oder Ihres Studiums der Mediengestaltung und nicht zuletzt viel Spaß bei der Lektüre.

Heidelberg, im Frühjahr 2023
Peter Bühler
Patrick Schlaich
Dominik Sinner

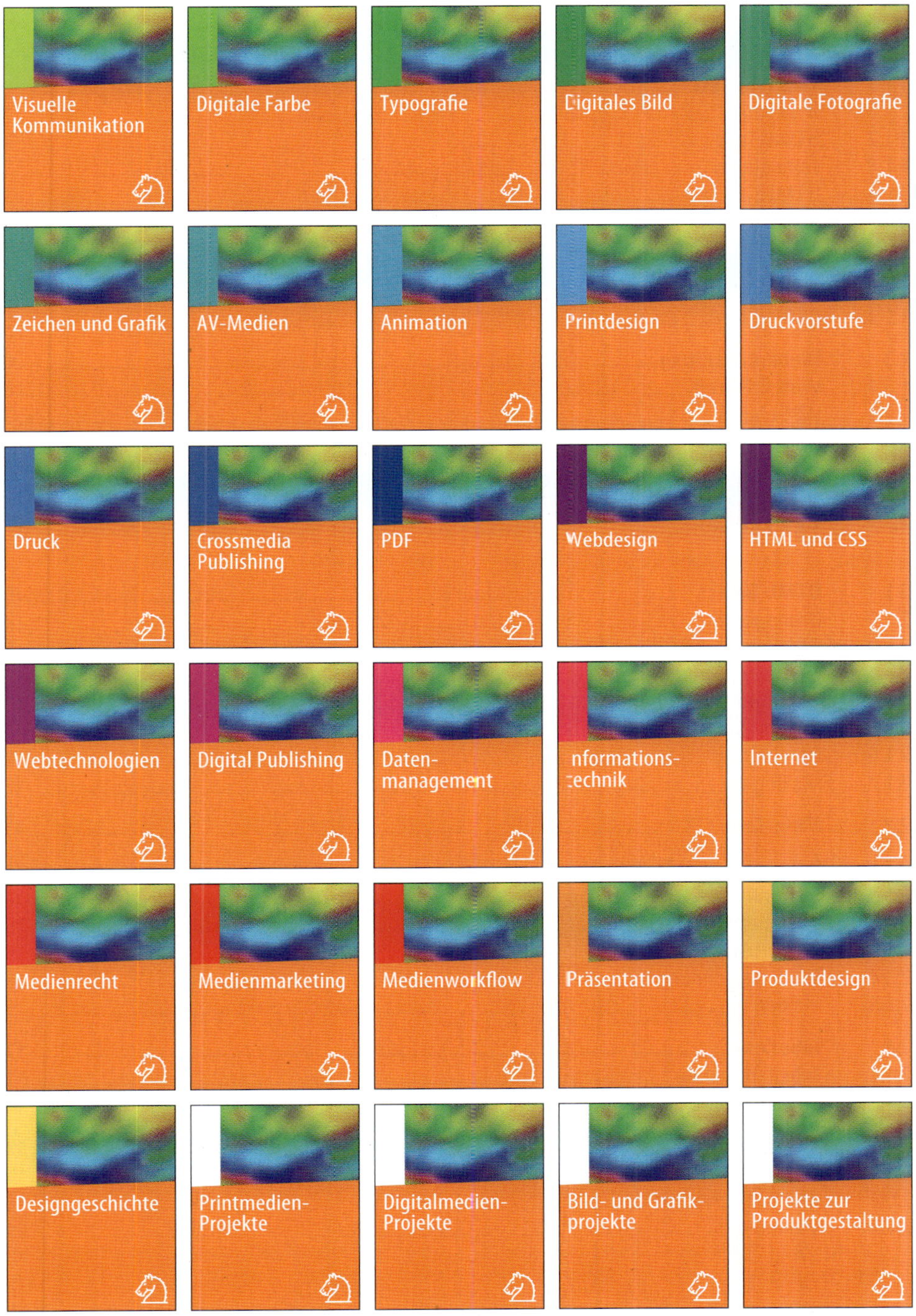

Bibliothek der Mediengestaltung

Die Übersicht zeigt 26 eher theoretische Bände sowie (unten rechts) 4 Praxisbände, in denen ausschließlich Projekte beschrieben sind. Alle hierfür erforderlichen Dateien finden Sie auf bi-me.de.

Inhaltsverzeichnis

1.1 Was ist HTML?

Das Internet ist allgegenwärtig – seine Nutzung ist für uns längst zur Selbstverständlichkeit geworden. Die Übertragung von Text-, Bild-, Sound- und Videodaten funktioniert reibungslos und fehlerfrei – sieht man einmal von eventuellen Ladezeiten ab.

Damit dies möglich wird, müssen alle Bestandteile einer Webseite nach einem weltweit gültigen Standard „codiert“ werden. Diese Funktion übernimmt die vom britischen Informatiker Tim Burners-Lee bereits im Jahr 1989 veröffentlichte *Hypertext Markup Language*, kurz *HTML*. Wenn wir „to mark up“ mit „notieren“ übersetzen, handelt es sich wörtlich übersetzt um eine Sprache, um Hypertext zu notieren.

1.1.1 Hypertext

Was aber ist Hypertext? Das Kunstwort bezeichnet die Möglichkeit, Texte mit Hilfe von *Hyperlinks* oder kurz *Links* miteinander zu verbinden. Hypertexte verlassen also die lineare Struktur gedruckter Texte und gestatten das Hin- und Herspringen innerhalb von Texten. Der Vorteil hierbei ist, dass sich verlinkte Textdateien auf jedem mit dem Internet verbundenen Endgerät befinden können. Auf diese Weise ist ein riesiges Informationssystem – das *World Wide Web (WWW)* – entstanden.

1.1.2 HTML-Tags

Die Beschreibung der einzelnen Komponenten einer Webseite wie Überschriften, Absätze, Tabellen, Bilder und Links erfolgt in HTML mit speziellen Steueranweisungen. Diese werden als Tags (sprich: Tägs) bezeichnet und besitzen die allgemeine Form:

Struktur eines HTML-Tags

```
<tag>Inhalt des Tags</tag>
```

Beispiele:

- `<h1>…</h1>` markiert eine Überschrift (Headline) der Größe 1.
- `<strong>…</strong>` zeichnet einen Text fett aus.
- `<a href="news.htm">News</a>` definiert einen Link zu „news.htm“.

Wie Sie sehen, schließen Tags, von wenigen Ausnahmen einmal abgesehen, immer den Inhalt ein, auf den sie sich beziehen. Beachten Sie hierbei, dass der schließende Teil einen zusätzlichen Schrägstrich (Slash) erhalten muss.

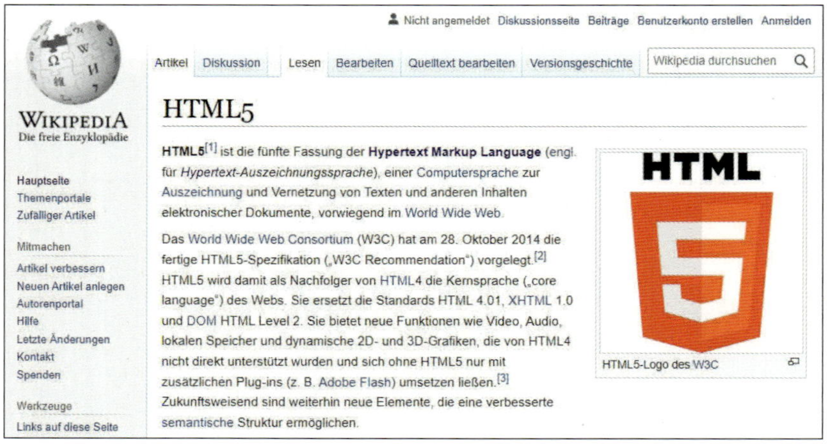

Hypertext

Wikipedia stellt Hypertext in blauer Farbe dar.

P. Bühler et al., *HTML und CSS*, Bibliothek der Mediengestaltung,
https://doi.org/10.1007/978-3-662-66663-0_1

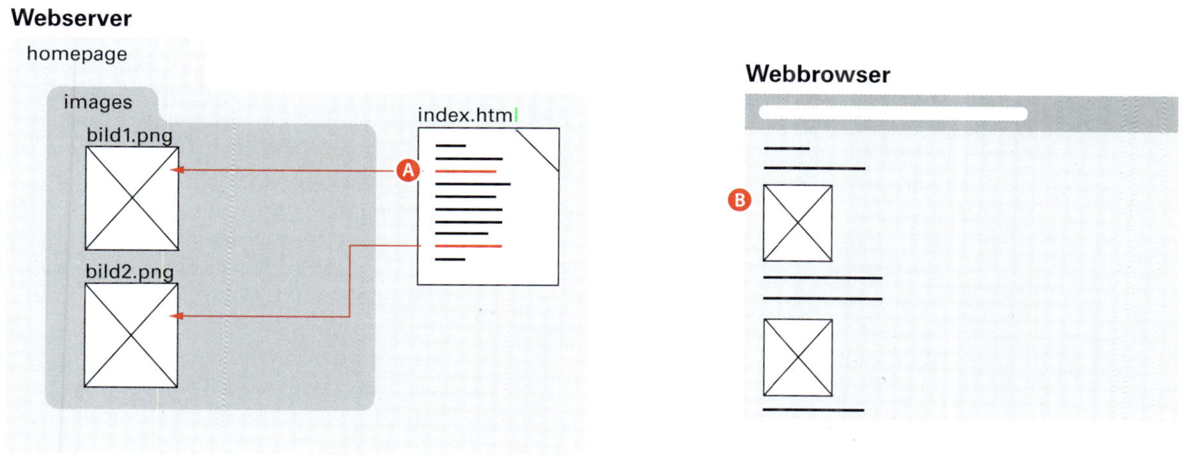

1.1.3 Textdateien

Wie wir gesehen haben, ist HTML bereits 1989 erfunden worden, also zu einer Zeit, in der es noch keine Computer mit grafischen Benutzeroberflächen gab. An Bilder, Grafiken oder gar Videos hat man bei der Entwicklung von HTML nicht gedacht. Dies erklärt, weshalb es sich bei HTML- (und CSS-)Dateien um reine Textdateien handelt, die Sie mit jedem beliebigen Texteditor erstellen können.

Der Vorteil von Textdateien liegt darin, dass sie eine sehr geringe Datenmenge besitzen und damit auch bei schlechter Internetverbindung schnell geladen werden können. Dies war damals entscheidend und ist leider auch heute noch ein wichtiger Aspekt, weil – traurig, aber wahr – noch immer nicht überall Breitbandanschlüsse ins Internet verfügbar sind.

Der Nachteil von Textdateien ist, dass Sie hier nicht wie bei Word oder in InDesign einfach Bilder oder Grafiken in Ihrem Layout platzieren können. Diese müssen als externe Dateien bereitgestellt und „referenziert" werden A. Dies bedeutet, dass Sie in der HTML-Datei mit Hilfe des `<img>`-Tags den Name und Speicherort des Bildes oder der Grafik angeben müssen. Die Bild- oder Grafikdatei wird separat über das Internet übertragen und erst dann im Browser angezeigt B.

1.1.4 HTML5

HTML ist nicht gleich HTML. Die Sprache wurde seit ihrer Veröffentlichung im Jahr 1989 stetig verbessert und erweitert. Dies hat zur Folge, dass die Software zur Darstellung von HTML-Seiten, also die *Webbrowser*, ebenfalls ständig weiterentwickelt werden müssen, um die aktuellen Versionen auch korrekt darstellen zu können. Werden HTML-Seiten mit älteren Browsern betrachtet, kann es gut sein, dass sie nicht korrekt dargestellt werden.

HTML liegt seit 2017 in der Version 5.2 vor. Die Ergänzung der Ziffer 5 (HTML5) diente zur Abgrenzung von früheren HTML-Version wie HTML 4.01 oder XHTML. Da es keine weitere Versionsnummer geben soll, können Sie die Ziffer auch weglassen und von HTML statt von HTML5 sprechen.

1.2 Was ist CSS?

Wie im letzten Abschnitt beschrieben, wurde HTML in einer Zeit entwickelt, in der Computer ausschließlich Texte verarbeiten konnten. Die Formatierung oder gar Gestaltung von Seiten, wie dies aus dem Printbereich bekannt ist, war damals weder möglich noch erforderlich. Dies erklärt, weshalb HTML zur Formatierung von Text oder zum Layouten von Seiten keine Möglichkeiten zur Verfügung stellt.

1.2.1 Design für das Web

Wegen der wachsenden Bedeutung des Internets wurde die Forderung nach Web-„Design" – also nach einer gestalterisch ansprechenden Umsetzung der Seiteninhalte – immer lauter. Deshalb wurde HTML 1996 durch eine Formatierungssprache mit dem Namen *Cascading Style Sheets*, kurz *CSS*, ergänzt. Wie bei HTML handelt es sich auch bei CSS um reine Textdateien, die mit jedem Texteditor erstellt werden können.

Mit CSS steht Webdesignern/-innen ein sehr mächtiges Werkzeug für die Gestaltung von Webseiten zur Verfügung. Mit Hilfe von CSS gelingt es, Webseiten dynamisch an die unterschiedlichen Displaygrößen der internetfähigen Endgeräte anzupassen. Schriften lassen sich nun einbinden und Texte typografisch korrekt setzen

CSS Zen Garden

Webdesigner/-innen zeigen ihr Können und das Potenzial von CSS.

und formatieren, wie dies bislang nur im Printbereich möglich war. Mit CSS können Sie Animationen erstellen und vieles mehr. Leider ist die Anwendung im Vergleich zum Printbereich deutlich komplizierter, weil es keinen Webeditor gibt, der das Layouten und Gestalten von Webseiten ohne HTML- und CSS-Kenntnisse ermöglicht. Dass Sie dieses Buch in der Hand halten, um sich mit HTML und CSS zu beschäftigen, ist also eine gute Entscheidung ... ;-)

Verschaffen Sie sich doch einen ersten Eindruck über das mächtige Potenzial von CSS durch Besuch des *CSS Zen Garden* (csszengarden.com). Hier zeigen Webdesigner/-innen ihr Können, wobei der HTML-Quellcode immer derselbe ist und lediglich die mit CSS entworfenen Designs variieren. Alle CSS-Dateien stehen zum Download bereit, so dass Sie die Vorgehensweise nachvollziehen und erlernen können.

1.2.2 HTML versus CSS

Erklärtes Ziel des Internetkonsortiums W3C ist die konsequente Trennung von Inhalt (HTML) und Design (CSS) einer Website:

HTML versus CSS

- Verwenden Sie **HTML** ausschließlich zur Beschreibung der semantischen Struktur und der Inhalte (des Contents) einer Webseite!
- Gestalten und formatieren Sie Ihre Webseiten ausschließlich mit **CSS**. Sogar Animationen sind mit CSS möglich.

Hierfür sprechen folgende Gründe:

- Content und Design können unabhängig voneinander erstellt und bearbeitet werden, z. B. durch Programmierer/-innen und Webdesigner/-innen.
- Content kann softwaregestützt ausgewertet werden, z. B. per Screenreader, der den Inhalt einer Webseite vorliest.
- Content lässt sich dynamisch, z. B. per Content-Management-System, verwalten.
- Das Design kann als externe Datei abgespeichert werden und lässt sich somit auf beliebig viele HTML-Seiten anwenden.
- Für einen festen Content können mehrere Designs erstellt werden, z. B. zur Ausgabe auf Monitoren, Smartphones, Tablets und für die Druckausgabe.
- Ein und dasselbe Design lässt sich ggf. für mehrere (XML-konforme) Sprachen verwenden.

1.2.3 CSS3

Die Entwicklung der CSS wird in sogenannten Levels beschrieben, wobei es wie bei HTML Überschneidungen gibt. So wurde mit der Entwicklung des heutigen Standards Level 3 bereits 2000 begonnen, obwohl Level 2.1 im Jahr 2002 veröffentlicht wurde.

Nach heutigem Stand wird es nun bei CSS Level 3, kurz CSS3, bleiben. Sie können also die Versionsnummer auch weglassen und einfach von CSS sprechen – gemeint ist dann der aktuelle Standard CSS3.

Wie bei HTML wird auch für die Darstellung von CSS-codierten Inhalten ein Webbrowser benötigt. Handelt es sich dabei um eine ältere Version, kann es sein, dass er die neuesten CSS-Eigenschaften möglicherweise noch nicht unterstützt und damit auch nicht darstellen kann. Bei der Webentwicklung ist es deshalb wichtig, dass Sie Ihre Projekte mit unterschiedlichen Browsern (Browserversionen) testen.

1.3 Webentwicklung

1.3.1 Web-Editoren

Wie in den vorigen Abschnitten beschrieben, genügt zur Entwicklung von HTML- bzw. CSS-Dateien ein Texteditor. Dies ist für den Anfang auch völlig ausreichend. Bei größeren Projekten oder als fortgeschrittene Anwender/-innen werden Sie sich jedoch bald nach einer komfortableren Möglichkeit zur Erstellung von HTML- und CSS-Dateien umsehen. Hierbei können Sie aus vier Möglichkeiten wählen:

Quelltext-Editoren

Bei Quelltext-Editoren handelt es sich zwar auch um Texteditoren, die jedoch für das Erstellen von HTML- bzw. CSS-Dateien optimiert wurden.

Unter *Syntax-Highlighting* versteht man das farbige Hervorheben der Tags, um diese besser erkennen und vom Inhalt abgrenzen zu können. Dies verbessert die Übersicht und erleichtert Ihnen die Fehlersuche.

Bessere Editoren bieten zusätzlich eine Codeergänzung, so dass nach Eingabe eines öffnenden Tags, z. B. <p>, das schließende Tag, also </p> automatisch hinzugefügt wird. Dies spart Schreibarbeit.

Ein empfehlenswerter kostenfreier Quelltext-Editor ist *Adobe Brackets* (brackets.io). Eine Übersicht weiterer Quelltext-Editoren finden Sie bei Wikipedia unter de.wikipedia.org/wiki/Liste_von_HTML-Editoren.

WYSIWYG-Editoren

Die seltsame Bezeichnung WYSIWYG setzt sich aus den Anfangsbuchstaben von *What you see is what you get!* zusammen. Die Bedeutung dieses Satzes ist so zu verstehen, dass bereits während der Entwicklung der Website eine Vorschau auf ihr zukünftiges Aussehen möglich ist.

Marktführer in dieser Kategorie ist *Dreamweaver* von Adobe. Wenn Sie mit Photoshop, Illustrator und Co. bereits vertraut sind, werden Sie mit dem „Look & Feel“ von Dreamweaver schnell zurechtkommen. Bei Dreamweaver (adobe.com/de/products/dreamweaver.html) handelt es sich um eine mächtige Web-Entwicklungsumgebung, mit der Sie neben HTML und CSS auch andere Webtechnologien wie PHP, JSON oder JavaScript realisieren können.

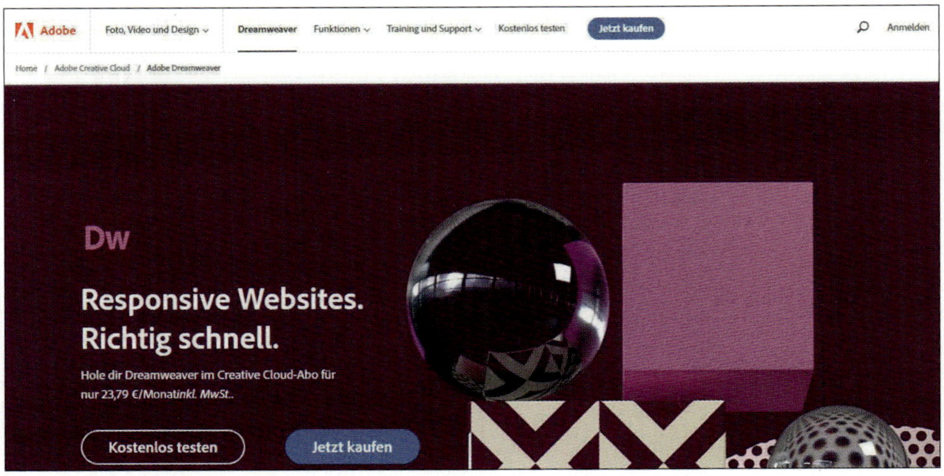

WYSIWYG-Editor

Adobe Dreamweaver ist eine Entwicklungsumgebung zur Realisation und Verwaltung von Webanwendungen.

Website-Baukästen
Das Gegenteil von selbst codierten Webanwendungen sind Tools, mit denen sich Webseiten, teilweise sogar browserbasiert, einfach „zusammenklicken" lassen. Beispiele hierfür sind *Jimdo*, *Wix* oder *Webflow*. Hierbei wählt der Anwender eine Vorlage aus und passt diese an. Die Zielgruppe dieser Produkte dürfte jedoch wohl eher im Amateurbereich zu finden sein, da mit derartigen Systemen ein individuelles, an die Bedürfnisse des Kunden angepasstes Webdesign nicht möglich ist.

Content-Management-Systeme
Nach einem ähnlichen Prinzip wie bei Website-Baukästen funktionieren *Content-Management-Systeme (CMS)*. Auch hier wählen die Anwender/-innen eine Vorlage – ein sogenanntes *Template* – aus oder erstellen diese selbst, und kümmern sich im zweiten Schritt nur noch um den Inhalt. Dieser wird in einer Datenbank verwaltet. Die HTML-Codierung der Seiten erfolgt dynamisch, d. h., die Seite wird automatisch generiert, wenn sie aufgerufen wird. Nur auf diese Weise wird es möglich, große Shopsysteme oder Webportale zu realisieren.

Leistungsfähige CMS sind beispielsweise *WordPress, Shopify* oder *Joomla!* Derartige Systeme nehmen uns das (manuelle) Codieren von Webanwendungen weitgehend ab. Dennoch brauchen Sie auch in diesem Fall gute HTML- und CSS-Kenntnisse, um die durch das CMS generierten Seiten zu optimieren und an die Anforderungen des Kunden anzupassen.

1.3.2 W3Schools

In den folgenden Kapiteln erhalten Sie eine strukturierte Einführung in HTML und CSS. Danach sind Sie in der Lage, kleine Webprojekte zu realisieren.

Begleitend oder ergänzend zu diesem Buch finden Sie im Internet gute Tutorials. Sehr empfehlenswert ist die – allerdings englischsprachige – Website w3schools.com. Hier finden Sie nicht nur Tutorials zu HTML und CSS, sondern zu weiteren Web- und Programmiersprachen **A**. Neben ausführlichen Beschreibungen aller Sprachelemente bietet *W3Schools* die Möglichkeit, die neuen Erkenntnisse gleich selbst auszuprobieren **B**. Hierfür wurde bei W3Schools ein Quelltext-Editor integriert.

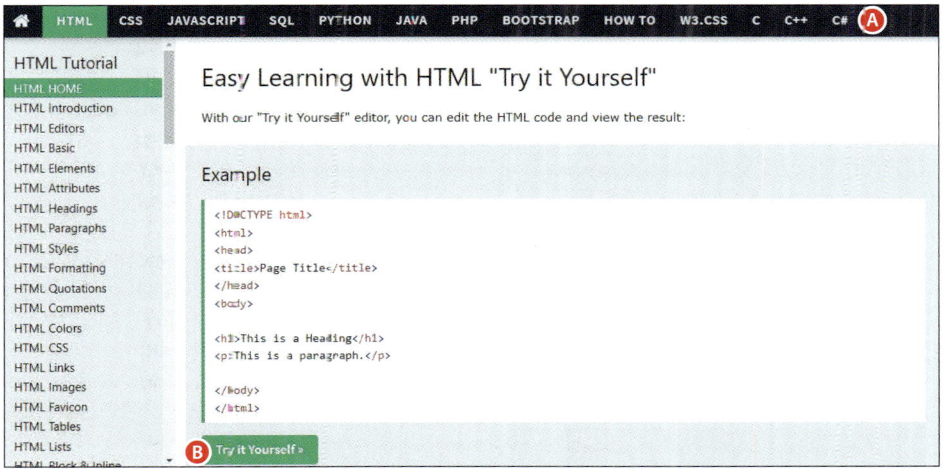

W3Schools

Mit diesem hervorragenden Online-Tool können Sie Ihre neuen Kenntnisse gleich ausprobieren **A**.

2.1 HTML-Basics

2.1.1 Grundgerüst

Wie im vergangenen Abschnitt erläutert, handelt es sich bei HTML bzw. HTML5 um eine Seitenbeschreibungssprache, die alle Bestandteile einer Webseite mit Hilfe von Sprachelementen (Tags, ausgesprochen: Tägs) beschreibt. Zur Unterscheidung von „normalem" Text stehen Tags in spitzen Klammern < >, wobei die meisten Befehle ein Start- und ein End-Tag benötigen. Letzteres enthält zusätzlich einen Schrägstrich (Slash) /.

Grundgerüst einer HTML-Datei

```
<!doctype html> A
<html>
  <head>
    <title>Erste Seite</title> B
    ...
  </head>
  <body>
    <p>Hier steht der Inhalt!</p> D
    ...
  </body>
</html>
```

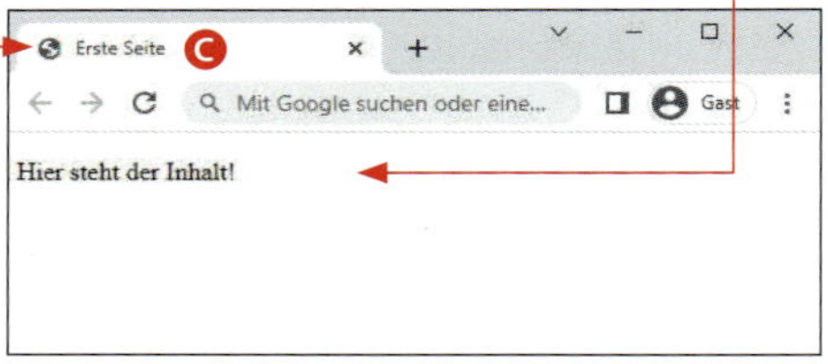

Ein HTML-Dokument beginnt mit Angabe des sogenannten *Dokumententyps* (!DOCTYPE) A. Er liefert dem Browser die Information über die verwendete Sprache.

Der eigentliche HTML-Code beginnt mit dem <html>-Tag und endet mit dem End-Tag </html>. Ein HTML-Dokument besteht immer aus Dateikopf <head>...</head> und Dateikörper <body>...</body>. Im Dateikopf sollte sich ein Titel <title>...</title> B befinden. Beachten Sie die englische Schreibweise, also <title> und nicht <titel>. Der dort enthaltene Text beschriftet den Browsertab C. Weiterhin hilft die Titelangabe für das Auffinden der Seite durch Suchprogramme und liefert den Text bei der Verwendung eines Lesezeichens (bookmark).

Der Dateikörper <body> enthält alle Elemente, die im Webbrowser angezeigt werden, also z. B. Texte, Buttons, Bilder, Links. Im Beispiel finden Sie einen Absatz (englisch: paragraph) <p>...</p> D.

2.1.2 Grammatik

Im Vergleich zu gesprochenen Sprachen gibt es bei HTML glücklicherweise nur sehr wenig Grammatikregeln.

Tags

Wie schon erwähnt wird der Inhalt einer HTML-Seite durch *Tags* beschrieben. Fast alle Tags bestehen aus Start- und End-Tag, es gibt jedoch auch einige Tags ohne End-Tag.

Tags	
Allgemeine Definition	
`<tag>Inhalt des Tags</tag>`	
Beispiele	

`<h1>Überschrift (headline)</h1>`
`<b>fetter Text (bold)</b>`
`<p>Absatz (paragraph)</p>`	

Einzelne Tags (ohne schließendes Tag)	
` `	Zeilenumbruch
`<meta ...>`	Meta-Angabe (siehe Seite 13)
`<img ...>`	Bild/Grafik (siehe Seite 26)

Verschachtelung

Wenn Sie noch einmal das Grundgerüst einer HTML-Datei in der linken Spalte betrachten, dann fällt Ihnen auf, dass die Tags ineinander verschachtelt sind. Alle nacheinander geöffneten Tags müs-

P. Bühler et al., *HTML und CSS*, Bibliothek der Mediengestaltung,
https://doi.org/10.1007/978-3-662-66663-0_2

sen in *umgekehrter* Reihenfolge wieder geschlossen werden. Dies hat zur Folge, dass <html>...</html> die gesamte HTML-Datei umschließt, <head>...</head> den gesamten Dateikopf und <body>...</body> den gesamten Dateikörper.

Schreibweise

Ob Sie die Tags zeilenweise oder untereinander schreiben, ist Ihnen freigestellt. Sie sollten sich aber eine möglichst übersichtliche Schreibweise angewöhnen. Dies erleichtert die Fehlersuche.

Kommentare

Für eine bessere Lesbarkeit von Quellcode sorgen auch Kommentare, die zwischen <!-- und --> stehen. Kommentare sind auf der Webseite nicht sichtbar. Dies gilt auch für Leerzeichen im Quellcode.

Kommentare

```
<!--Kommentare-->
<p>Ich bin ein erster Absatz.</p>
<!--sind-->
<p>Ich bin ein zweiter Absatz.</p>
<!--nicht sichtbar-->
<p>   Ich bin ein dritter Absatz.</p>
```

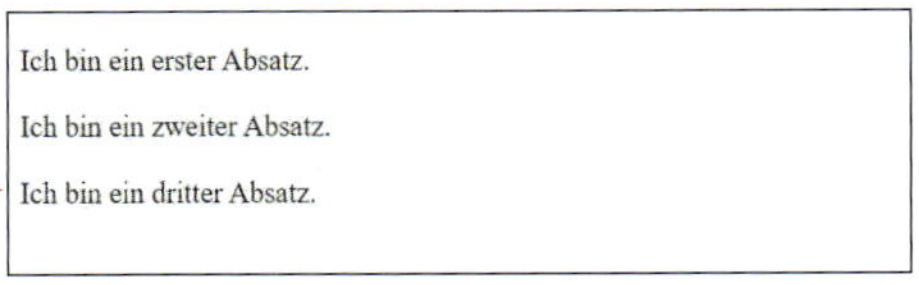

Attribute

Manche Tags besitzen Eigenschaften, sogenannte *Attribute*. Attribute stehen immer im Start-Tag. Der Wert eines Attributs wird in Anführungszeichen gesetzt und durch ein =-Zeichen an das Attribut angehängt. Mehrere Attribute werden durch ein Leerzeichen getrennt.

Attribute (Eigenschaften) von Tags

Allgemeine Definition

```
<tag attribut1="wert1" attribut2="wert2">
Inhalt des Tags</tag>
```

Beispiele

```
<a href="info.htm">Link</a>
<img src="button.gif">
<meta name="date" content="2023-05-09">
```

2.1.3 Zeichensatz und Sprache

Da das Internet weltweit verfügbar ist, werden Webseiten mit Browsern in der jeweiligen Landessprache betrachtet. Beim Erstellen von Webseiten müssen Sie deshalb immer den für Ihr Land gültigen Zeichensatz angeben. Für Westeuropa ist dies UTF-8 (Unicode). Die Angabe des Zeichensatzes erfolgt mittels <meta>-Tag im Dateikopf **A**.

Zeichensatz

```
<!doctype html>
<html lang="de">  B
  <head>
    <title>Zeichensatz</title>
    <meta charset="utf-8">  A
  </head>
  <body>
    <p>ä, ö, u und ß</p>
  </body>
</html>
```

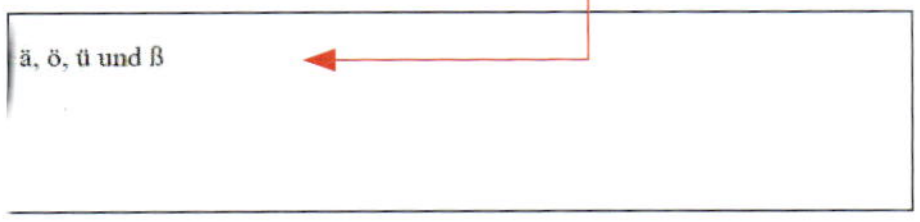

Zusätzlich sollten Sie die gewünschte Landessprache über das lang-Attribut z. B. im <HTML>-Tag benennen **B**. Bei mehrsprachigen Seiten können Sie das Attribut abschnittsweise verändern.

Trotz dieser Maßnahmen gibt es Sonderzeichen, die nicht korrekt angezeigt werden. Hierzu gehören beispielsweise spitze Klammern < und >, weil diese für HTML-Tags reserviert sind.

Derartige Sonderzeichen können Sie auf zwei Arten angeben:

- „Benannte“ Zeichen, z. B. `<` für die öffnende spitze Klammer <
- Unicodierte Zeichen, z. B. `<` für die öffnende spitze Klammer <

Beachten Sie, dass der Strichpunkt zur Codierung gehört. Die Tabelle zeigt eine Übersicht wichtiger Zeichen.
Eine vollständige Zeichenreferenz finden Sie z. B. hier: wiki.selfhtml.org/wiki/Zeichenreferenz#HTML-eigene_Zeichen.

Zeichen	Bedeutung	Name	Unicode
&	kaufm. Und	&	&
<	kleiner als	<	<
>	größer als	>	>
	Leerzeichen		
©	Copyright	©	©
²	Hoch 2	²	²
³	Hoch 3	³	³
¼	ein Viertel	¼	¼
½	ein Halb	½	½
Ä	A Umlaut	Ä	Ä
Ö	O Umlaut	Ö	Ö
Ü	U Umlaut	Ü	Ü
ß	scharfes S	ß	ß
ä	a Umlaut	ä	ä
ö	o Umlaut	ö	ö
ü	u Umlaut	ü	ü
α	Alpha klein	α	α
√	Wurzel	√	√
≠	ungleich	≠	≠
€	Euro	€	€
°	Grad	°	°
…	Auslassungszeichen	&hellig;	…

2.1.4 Schriften

In HTML-Dateien lassen sich keine Schriften einbetten wie beispielsweise in einer PDF-Datei. Es ist allerdings auch gar nicht vorgesehen, dass Schriften gewählt und formatiert werden können, denn hierzu dient die Formatierungssprache CSS – wir gehen hierauf ab Seite 58 ein.

Schriften

HTML dient nicht zur Gestaltung von Webseiten. Die Auswahl der Schriften sowie die Schriftgestaltung erfolgen ausschließlich mit CSS.

Nun fragen Sie sich vielleicht, welche Schrift verwendet wird, wenn im HTML-Quellcode keine Schrift angegeben wird? In diesem Fall wird die Schrift und Schriftgröße verwendet, die in den Browser-Grundeinstellungen eingestellt ist. Der Screenshot zeigt die Standardeinstellungen bei Google Chrome:

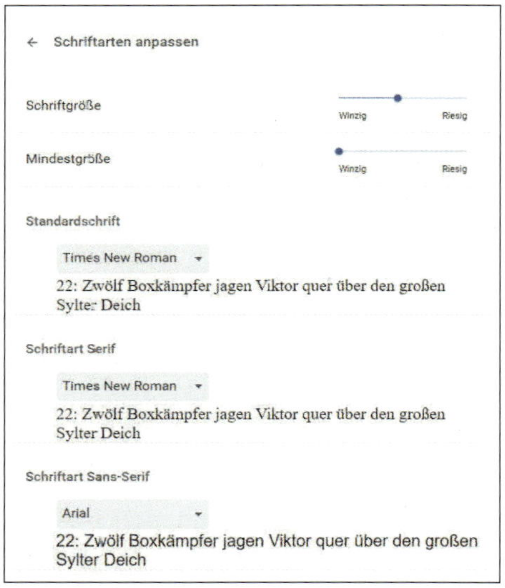

Standardschrift des Browsers
hier: Google Chrome

2.1.5 Farben

Was für Schriften gilt, gilt gleichermaßen für Farben und andere Gestaltungselemente: Obwohl Farbangaben in HTML möglich wären, sollten Sie darauf verzichten.

Farbangaben sollten ausschließlich mit CSS vorgenommen werden, so dass wir Sie auf Seite 56 verweisen, wenn es um Farben auf Webseiten geht.

Farben

Definieren Sie Farben nicht in HTML, sondern ausschließlich in CSS.

2.1.6 Dateinamen

Dateiendung
Damit eine HTML-Datei als solche durch einen Webbrowser erkannt wird, muss sie unter Windows und Linux die Dateiendung *.htm* oder *.html* besitzen.

Dateiendung

Geben Sie einer HTML-Datei (auch am Mac) die Endung .htm oder .html.

Bei macOS werden Dateien nicht anhand ihrer Dateiendung, sondern durch spezielle Informationen im Dateikopf erkannt. Hierin liegt eine große Gefahrenquelle: Lassen Sie unter macOS die Dateiendung weg, funktioniert Ihre Webseite zwar wunderbar auf Ihrem Mac, unter Windows oder Linux jedoch nicht! Aus diesem Grund muss die Dateinamenerweiterung unbedingt angegeben werden.

Startseite (Homepage)
Eine besondere Namensgebung besitzt die Startseite (Homepage) Ihres Internetauftritts. Damit beim Aufruf der Seite im Webbrowser nicht jedes Mal ein Dateiname eingegeben werden muss, hat man sich darauf geeinigt, dass die Startseite immer den Namen „index.htm" oder „index.html" erhält. Webserver sind so konfiguriert, dass sie automatisch nach dieser Datei suchen. Geben Sie in Ihrem Webbrowser beispielsweise „www.springer.de" ein, sucht der Webserver nach „index.htm" und sendet diese Datei zurück.

Dateiname der Startseite (Homepage)

Benennen Sie die Startseite (Homepage) immer „index.htm" oder „index.html".

Groß- und Kleinschreibung
Die meisten Webserver werden unter Linux betrieben. Im Unterschied zu Windows und macOS arbeitet dieses Betriebssystem „case-sensitiv", d. h., dass bei Dateinamen zwischen Groß- und Kleinschreibung unterschieden wird: „seite1.htm", „Seite1.htm" und „seite1.HTM" sind unterschiedliche Dateien.

Groß- und Kleinschreibung

Beachten Sie die Groß- und Kleinschreibung bei der Vergabe von Dateinamen.

Um Fehler infolge doppelter Dateinamen zu vermeiden, lautet die Empfehlung: Verwenden Sie bei der Vergabe von Dateinamen nur Kleinbuchstaben.

Sonderzeichen und Umlaute
Beachten Sie weiterhin, dass in Abhängigkeit vom Betriebssystem nicht alle Sonderzeichen in Dateinamen verwen-

Sonderzeichen und Umlaute

Beschränken Sie sich bei Dateinamen auf Buchstaben ohne Umlaute und auf Ziffern. Sonderzeichen und Leerzeichen sollten nicht verwendet werden.

det werden dürfen (z. B. Slash /, Backslash \ oder Leerzeichen).

Wir empfehlen zusätzlich, auf Umlaute zu verzichten, weil diese eine häufige Fehlerquelle darstellen, wenn die Dateien auf unterschiedlichen Betriebssystemen verwendet werden.

2.1.7 Making of …

Nachdem Sie sich nun mit den Grundlagen von HTML beschäftigt haben, sollten Sie diese in einer ersten Übung anwenden.

1 Falls noch nicht erfolgt: Installieren Sie einen HTML-Editor – wir verwenden die kostenfreie Software *Adobe Brackets* (brackets.io).

2 Öffnen Sie im HTML-Editor eine neue, noch leere Datei und speichern Sie die Datei unter dem Namen *bascis.html* ab.

3 Geben Sie das Grundgerüst einer HTML-Datei ein (siehe Seite 8).

4 Ergänzen Sie das Meta-Tag für den deutschen Zeichensatz.

5 Speichern Sie die Datei erneut ab.

6 Öffnen Sie die Datei in einem Browser. Hierfür gibt es mehrere Möglichkeiten:
- Machen Sie einen Rechtsklick auf die Datei und wählen Sie den Browser unter *Öffnen mit...* aus.
- Öffnen Sie den Browser und ziehen Sie die Datei auf das Browserfenster.
- Bei Brackets gibt es im Menü *Datei* die Option *Live-Vorschau*. Der Browser öffnet sich und zeigt die Datei an. Die Live-Vorschau lässt sich auch durch Anklicken des Icons **A** aktivieren.

Tipp: Die Live-Vorschau bietet den den Vorteil, dass Sie Änderungen im Browser sehen, sobald Sie den Quellcode erneut speichern STRG S (Windows) bzw. command S (Apple). Bei den erstgenannten Möglichkeiten müssen Sie den Seiteninhalt im Browser neu laden (Taste F5).

7 Laden Sie auf bi-me.de den Ordner *loesungen.zip* herunter und entpacken Sie ihn. Er enthält einen Lösungsvorschlag zu den Übungen.

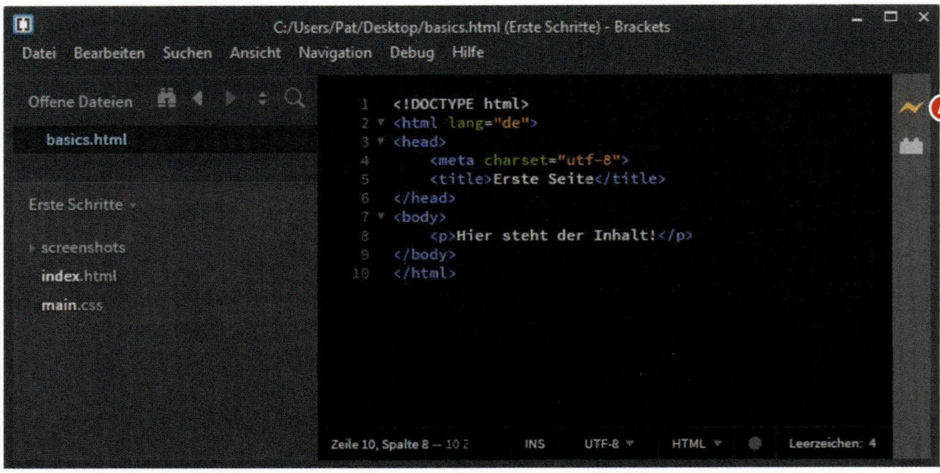

Adobe Brackets
Kostenfreier HTML-Editor

2.2 Meta-Tags

Meta-Angaben werden im Dateikopf, also zwischen `<head>` und `</head>`, platziert. Die Angabe von Meta-Tags ist optional, d. h., die HTML-Datei funktioniert auch ohne Meta-Tags. Es handelt sich dabei um unsichtbare Zusatzinformationen, die folgende Funktionen besitzen:

- Copyright-Angaben, z. B. Autor und Erstellungsdatum
- Informationen für Suchprogramme (sogenannte *Spiders* oder *Bots*), die eine Aufnahme der Seite in die Datenbank von Suchmaschinen ermöglichen oder verhindern sollen
- Angaben zur Behandlung der Seite durch den Webserver, z. B. Weiterleitung der Anfrage zu einer anderen Adresse
- Angabe des verwendeten Zeichensatzes
- Zusatzinformationen zur korrekten Darstellung der Seite auf unterschiedlichen Viewports

Früher waren Schlüsselwörter (`keywords`) sowie die Beschreibung (`description`) der Site wichtig, um ein möglichst gutes Ranking bei Google zu erzielen. So einfach ist es schon lange nicht mehr: Um eine gute Platzierung im Browser, den sogenannten *PageRank*, zu erzielen, sind sehr viele Maßnahmen erforderlich. Man spricht hierbei von *SEO (Search Engine Optimization)*.

Meta-Tags mit `name`
Autorenangabe
`<meta name="author" content="Paul">`
Datumsangabe
`<meta name="date" content="2023-05-09">`
Zugriff durch Suchprogramme verbieten
`<meta name="robots" content="noindex nofollow">`
Zugriff durch Suchprogramme gestatten
`<meta name="robots" content="index">`
Kurzbeschreibung für Suchprogramme
`<meta name="description" content= "Portal für Webdesigner">`
Schlüsselwörter für Suchprogramme
`<meta name="keywords" content= "Gestaltung,Webdesign,Layout,Design, Mediengestalter,Medien">`
Anpassung an den Viewport
`<meta name="viewport" content= "width=device-width, initial-scale=1.0">`
Meta-Tags mit `http-equiv`
Angabe des Unicode-Zeichensatzes
`<meta http-equiv="content-type" http-equiv="text/html" charset="utf-8">`
Seite vom Server und nicht aus Cache laden
`<meta http-equiv="expires" content="0">`
Seite neu laden, hier nach fünf Sekunden
`<meta http-equiv="refresh" content="5">`
Weiterleitung, hier nach fünf Sekunden
`<meta http-equiv="refresh" content="5; URL=http://www.xyz.de">`

```
<meta charset="utf-8">
<meta name="robots" content="index,follow,noarchive,noodp">
<meta name="author" content="Süddeutsche.de GmbH, Munich, Germany">
<meta name="copyright" content="Süddeutsche.de GmbH, Munich, Germany">
<meta name="email" content="kontakt@sueddeutsche.de">
<meta name="description" content="News aus Deutschland und aller Welt mit Kommentaren und
Hintergrundberichten auf Süddeutsche.de.">
<meta name="keywords" content="sueddeutsche.de, Süddeutsche Zeitung, SZ, Nachrichten, News, Meldungen,
Informationen, Zeitung, Sport, Finanzen, Digital, Wirtschaft, Kultur, Medien">
<meta name="last-modified" content="Mo, 24 Okt 2022 12:26:21 UTC">
<meta name="viewport" content="width=1280">
```

Meta-Tags

Auszug aus den Meta-Tags der Süddeutschen Zeitung

2.3 Dokument- und Textstruktur

2.3.1 Semantische Beschreibung

Wie bereits auf Seite 5 erläutert, dient HTML ausschließlich zur Beschreibung der semantischen (inhaltlichen) Struktur einer Webanwendung. Das Layout und die typografische Gestaltung erfolgen hingegen mit CSS. Worum ist dies so wichtig?

Die Grafik veranschaulicht diesen Zusammenhang: Wenn sich die Seitenbeschreibung mit HTML ausschließlich auf Inhalt und Struktur bezieht, kann dieser Inhalt mit CSS mehrfach für unterschiedliche Ausgabemedien genutzt werden. Der Inhalt lässt sich somit medienneutral speichern und steht für beliebige Anwendungen zur Verfügung.

Dabei kann es sich auch um eine Sprachausgabe handeln, die den Inhalt einem blinden oder sehbehinderten Menschen vorliest. In diesem Fall ist es wichtig, dass die Software, ein sogenannter *Screenreader*, die semantische Struktur des Textes erkennt. Die hierfür verwendeten Tags sind rot markiert:

Der Text besteht aus einem Titel `<title>`, einer Kopfzeile `<header>` und einem Abschnitt `<section>`, in dem sich eine Hauptüberschrift `<h1>`, zwei Unterüberschriften `<h2>` und zwei Absätze `<p>` befinden sowie aus einer Fußzeile `<footer>`. Ohne diese Informationen würde ein Screenreader den Text an einem Stück vorlesen. Der/die Zuhörer/-in hätte keine Chance, sich die Struktur vorzustellen.

Sie erkennen an diesem Beispiel, dass HTML und CSS nicht zwingend auf visuelle Ausgabemedien begrenzt sind.

HTML-Datei

```
<!DOCTYPE HTML>
<html>
<head>
  <title>Dokument</title>
<style type="text/css">
 @import url("druck.css")
 print;
 @import url("web.css")
 screen;
 @import url("audio.css")
 aural;
</style>
</head>
<body>
<header>Kopfzeile</header>
<section>
<h1>Kapitel 1</h1>
  <h2>Abschnitt 1</h2>
    <p>Text</p>
  <h2>Abschnitt 2</h2>
    <p>Text</p>
</section>
<footer>Impressum</footer>
</body>
</html>
```

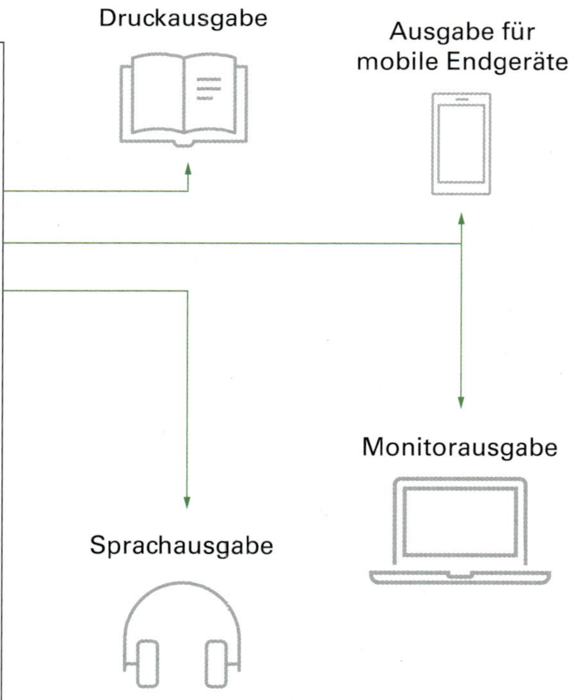

HTML und CSS

Mit HTML wird die semantische (inhaltliche) Struktur der Seite beschrieben (rot markierte Tags).

Die Anpassung an das Endgerät erfolgt durch CSS.

2.3.2 Dokumentstruktur

In früheren HTML-Versionen waren Elemente zur Gliederung und Strukturierung nicht vorgesehen. Die Beschreibung beispielsweise eines Buches, das in Kapitel und Abschnitte gegliedert ist, war somit nicht möglich.

Seit HTML5 ist dies nun möglich geworden, indem Tags ergänzt wurden, die zur Beschreibung von Dokumenten dienen. Diese können nun in Abschnitte `<section>` und Artikel `<article>` gegliedert werden, außerdem lassen sich beispielsweise Kopfbereich `<header>`, Fußbereich `<footer>` und Navigation `<nav>` unterscheiden. In der Tabelle finden Sie ein Anwendungsbeispiel:

Dokumentstruktur
Abschnitt
`<section>...</section>`
Artikel
`<article>...</article>`
Kopfbereich
`<header>...</header>`
Fußbereich
`<footer>...</footer>`
Navigationsbereich
`<nav>...</nav>`
Beispiel

```
<section>
  <header>
    <h1>Mein Blog</h1>
  </header>
  <article>
    <h2>Headline</h2>
    <p>Hier der Inhalt</p>
  </article>
  <article>
    <h2>Headline</h2>
    <p>Hier der Inhalt</p>
  </article>
  <footer>
    <p>Impressum</p>
  </footer>
</section>
```

2.3.3 Textstruktur

Auch Texte lassen sich mit HTML(5) strukturieren: Überschriften können für Hauptkapitel `<h1>`, Kapitel `<h2>` und Abschnitte `<h3>` vorgesehen werden. Bei Listen wird zwischen Aufzählungslisten `<ul>` mit Bulletpoint (•) und nummerierten Listen `<ol>` mit Buchstaben (a., b., c.) oder Ziffern (1., 2., 3.) unterschieden. Für Sehbehinderte oder Blinde besonders wichtig ist die Kennzeichnung und Beschreibung von Bildern, wofür das `<figure>`-Tag vorgesehen ist.

Textstruktur
Überschriften (headline) unterschiedlicher Ordnung

`<h1>...</h1>`
`...`
`<h6>...</h6>`

Absatz (paragraph)
`<p>...</p>`
Zeilenumbruch (break)
` `
Aufzählungsliste (unordered list)

`<ul>`
`  <li>...</li>`
`  <li>...</li>`
`  ...`
`</ul>`

Nummerierte Liste (ordered list)

`<ol>`
`  <li>...</li>`
`  <li>...</li>`
`  ...`
`</ol>`

Abbildung

`<figure>`
`  <img src="...">`
`</figure>`

Horizontale Linie
`<hr>`
Allgemeines Blockelement (für CSS)
`<div>...</div>`

Textauszeichnung
Abkürzung
`<abbr>...</abbr>`
Textblock als Zitat
`<blockquote>...</blockquote>`
Auszeichnung kursiv
`<em>...</em>`
Kurzes Zitat
`<q>...</q>`
Allgemeines Inline-Element (für CSS)
`<span>...</span>`
Auszeichnung fett
`<strong>...</strong>`
Tiefgestellter Text
`<sub>...</sub>`
Hochgestellter Text
`<sup>...</sup>`
Datums- oder Zeitangabe
`<time>...</time>`

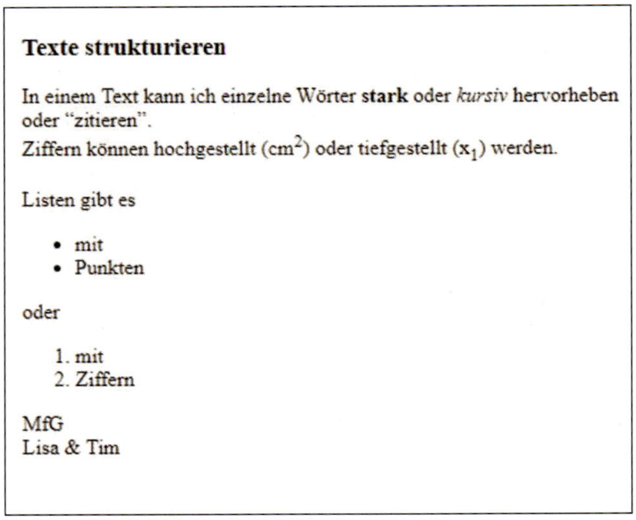
Texte strukturieren

In einem Text kann ich einzelne Wörter **stark** oder *kursiv* hervorheben oder "zitieren".
Ziffern können hochgestellt (cm^2) oder tiefgestellt (x_1) werden.

Listen gibt es

- mit
- Punkten

oder

1. mit
2. Ziffern

MfG
Lisa & Tim

Eine Besonderheit stellt das wichtige <div>-Element dar: Es hat keine Auswirkungen auf die Formatierung, sondern dient lediglich dazu, um einen Text mit Hilfe von CSS formatieren zu können (siehe Seite 65).

2.3.4 Textauszeichnung

Auch innerhalb eines Textes kommt es vor, dass einzelne Wörter hervorgehoben oder z. B. als wörtliche Rede gekennzeichnet werden. Einem Screenreader muss auch mitgeteilt werden, ob es sich bei einem Wort um eine Abkürzung handelt, damit er „MfG" nicht als „emefge" vorliest.

Sie sollten sich also beim HTML-Codieren von Texten in die Lage derer versetzen, die einen Text nicht einfach ablesen können. Noch besser ist es, sich einen Screenreader zu installieren, um den HTML-Code vorlesen zu lassen.

2.3.5 Making of...

1. Laden Sie auf bi-me.de den Ordner *making_of.zip* herunter und entpacken Sie ihn.
2. Öffnen Sie im HTML-Editor die Datei *texte.html*. Sie enthält einen noch unformatierten Text.
3. Ergänzen Sie alle fehlenden Tags, so dass der Text wie links dargestellt formatiert wird.
4. Testen Sie Ihre Lösung im Browser und korrigieren Sie eventuelle Fehler.
5. Vergleichen Sie Ihre Lösung mit der Musterlösung auf bi-me.de im Ordner *loesungen.zip*.

2.4 Tabellen

Tabellen dürfen seit HTML5 nur noch zur tabellarischen Darstellung von Daten verwendet wird. Ihr jahrelanger Missbrauch als (unsichtbare) Layouttabellen ist mit HMTL5 verboten worden. Auch hier liegt der Grund darin, dass ein Screenreader mit Layouttabellen nichts anfangen kann.

2.4.1 Tabellenstruktur

Eine Tabelle beginnt mit dem <table>-Tag. Danach folgt eine Kopfzeile, die typischerweise die Spaltenüberschriften enthält. Die Kopfzeile beginnt mit <tr> (table row), für jede Spalte wird <th> (table head) verwendet. Bei den auf die Kopfzeile folgenden Datenzeilen ersetzen Sie <th> durch <td> (table data).

Um mehrere Spalten oder Zeilen miteinander zu verbinden, verwenden Sie die colpan- bzw. rowspan-Eigenschaft in der jeweiligen Datenzelle.

Tabellen

Tabellenstruktur

```
<table>
  <tr>
    <th>A</th>
    <th>B</th>
  </tr>
  <tr>
    <td>C</td>
    <td>D</td>
  </tr>
  <!-- weitere Zeilen -->
</table>
```

A	B
C	D

Spalten oder Zeilen verbinden

Verbindung zweier Spalten:

```
<table>
  <tr>
    <td colspan=“2“>E</td>
  </tr>
  <tr>
    <td>F</td>
    <td>G</td>
  </tr>
</table>
```

<table><tr><td colspan="2">E</td></tr><tr><td>F</td><td>G</td></tr></table>

Verbindung zweier Zeilen:

```
<table>
  <tr>
    <td rowspan=“2“>H</td>
    <td>I</td>
  </tr>
  <tr>
    <td>J</td>
  </tr>
</table>
```

<table><tr><td rowspan="2">H</td><td>I</td></tr><tr><td>J</td></tr></table>

2.4.2 Making of …

1. Falls noch nicht erfolgt: Laden Sie auf bi-me.de den Ordner *making_of.zip* herunter und entpacken Sie ihn.

2. Öffnen Sie im HTML-Editor die Datei *tabellen.html*.

3. Ergänzen Sie im <body> die im Screenshot unten dargestellte Tabelle. Hinweis: Verwenden Sie <th> für die Spalten- und Zeilenüberschriften und <td> für die Zahlen.

<table><tr><th colspan="5">Firma Meyer & Söhne</th></tr><tr><th>2023</th><th>1. Quartal</th><th>2. Quartal</th><th>3. Quartal</th><th>4. Quartal</th></tr><tr><th>Umsatz (Mio.)</th><td>11</td><td>10</td><td>12</td><td>14</td></tr><tr><th>Gewinn (Mio.)</th><td>1,2</td><td>0,8</td><td>1,8</td><td>2,0</td></tr></table>

4. Testen Sie Ihre Lösung im Browser und korrigieren Sie eventuelle Fehler.

5. Vergleichen Sie Ihre Lösung mit der Musterlösung auf bi-me.de im Ordner *loesungen.zip*.

2.5 Hyperlinks

Wie bereits der Name sagt, ist Hypertext das zentrale Element der *Hypertext Markup Language (HTML)*. Die Idee besteht darin, die lineare Struktur eines Textes mit Hilfe von *Hyperlinks*, kurz *Links*, zu verlassen. Durch Hypertext wird es möglich, mit Mausklick, Fingertipp oder Sprachbefehl innerhalb eines Dokuments hin- und herzuspringen oder in andere Dokumente zu gelangen. Als Nutzer/-in entscheiden Sie also selbst darüber, in welcher Reihenfolge Sie sich in durch eine Webanwendung bewegen.

Webdesign heißt deshalb immer Design eines *interaktiven* Produktes. Eine sinnvolle und intuitiv erlernbare Benutzerführung durch die Seiten einer Webanwendung ist eine anspruchsvolle konzeptionelle Aufgabe, die über Erfolg oder Misserfolg der Internetpräsenz entscheiden kann. Denn wenn Sie mehrmals falsch geklickt oder getippt haben, dann werden Sie genervt sein und die Webanwendung vielleicht für immer verlassen.

Hyperlinks

2.5.1 Merkmale

Wie bei den anderen HTML-Kapiteln gilt auch hier: Die Gestaltung von Textlinks und von Schaltflächen erfolgt mit Hilfe von CSS. An dieser Stelle kommen nur die HTML-spezifischen Merkmale von Links zur Sprache.

- Textlinks werden in HTML standardmäßig unterstrichen und dunkelblau dargestellt. Mit Hilfe von CSS lässt sich dies beliebig verändern. Ein verlinkter Begriff sollte visuell immer als Link kenntlich gemacht werden **A**.
- Am PC erkennen Nutzer/-innen Links daran, dass sich der Mauszeiger in eine zeigende Hand **B** verändert, wenn der Link mit der Maus berührt wird. Auf Smartphones oder Tablets ist diese visuelle Hilfe nicht möglich.
- Damit ein Link als Link erkannt wird, sollte sich sein Zustand bei Berührung mit der Maus ändern, z. B. indem sich seine Farbe ändert oder er unterstrichen wird. Auch diese Funktion ist auf Geräten, die mit dem Finger bedient werden, leider nicht möglich.
- Informationen über den Link bzw. über das verlinkte Ziel können als sogenannter *Tooltipp* **C** eingeblendet werden. Dabei handelt es sich um ein kleines Popup-Fenster, das einen kurzen Text enthält. Für Nutzer, die die Bedeutung eines rein grafischen Links nicht verstehen, z.B. blinde Menschen, ist dies eine Hilfe, da diese Information von einem Screenreader vorgelesen wird.

2.5.2 Arten von Hyperlinks

Zur Definition eines Hyperlinks wird das <a>-Element benötigt. Das „a“ kürzt das englische Wort „anchor“ ab, was so viel wie „Anker“ oder „verankern“ bedeutet. Der Begriff ist im übertragenen Sinn zu verstehen: Durch einen Link wird ein anderer Text mit der Textstelle verknüpft oder, anders ausgedrückt, mit dieser verankert.

Die Angabe des verlinkten Ziels erfolgt über das Attribut `href` (hypertext reference). Dabei werden folgende vier Möglichkeiten unterschieden:

- Links auf Dateien
- Links auf Webseiten
- Links innerhalb einer Datei
- E-Mail-Links

Dateien referenzieren

Ein Webauftritt besteht im Normalfall aus mehreren HTML-Dateien. Um diese miteinander zu verlinken, muss der Dateipfad zur verlinkten Datei angegeben werden. Dies kann auf zwei Arten erfolgen:

- Bei einer *absoluten Referenz* wird der Pfad wie im Explorer des Computers angegeben, z. B. *C:/Dokumente und Einstellungen/Paul/Eigene Dateien/Web/news.htm.* Diese Referenz funktioniert jedoch nur auf dem eigenen Computer, weil sich der Pfad ändert, wenn die Datei auf einen Server hochgeladen wird.

Dateien referenzieren
Hyperlink zur Datei „index.htm“
<a href=“index.htm“>Homepage</a>
Hyperlink in Unterverzeichnis
<a href=“sites/index.htm“>Homepage </a>
Hyperlink in übergeordnetes Verzeichnis
<a href=“../index.htm“>Homepage</a>
Hyperlink zu einer PDF-Datei
<a href=“info.pdf“>Download</a>
Hyperlink mit Grafik
<a href=“news.htm“><img src= “button.gif“></a>

- Bei HTML müssen Sie deshalb immer *relative Referenzen* verwenden. Dabei wird der Pfad von der Ausgangs- zur Zieldatei angegeben. Befindet sich die Zieldatei im selben Verzeichnis, reicht die Angabe des Dateinamens aus. Liegt die Datei einem übergeordneten Verzeichnis, wird der Verzeichnisname gefolgt von einem Slash (/) vor den Dateinamen gestellt. Im Fall, dass die Zieldatei in einem untergeordneten Verzeichnis liegt, muss vor dem Dateinamen `../` stehen. Durch Kombination dieser Regeln lässt sich jeder Zielort erreichen.

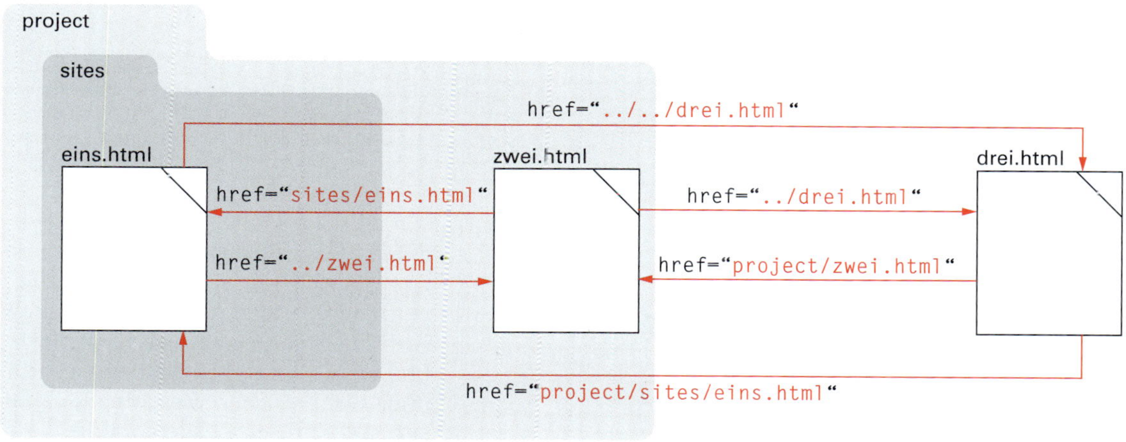

Alternativ zu Links auf HTML-Dateien können Sie auch andere Dateitypen verlinken, z. B. PDF-, Word- oder PowerPoint-Dateien. Die meisten Browser verfügen über die notwendigen Erweiterungen, um PDF- oder andere Dateien direkt im Browser anzuzeigen. Alternativ wird die verlinkte Datei heruntergeladen.

Webseiten verlinken

Um eine externe – also sich auf einem anderen Webserver befindende – HTML-Datei zu verlinken, muss die Internetadresse (URL) als *absolute Referenz* angegeben werden. Beachten Sie hierbei, dass die Adresse komplett in der Form *Protokoll://Servername/Domain-Name* angegeben werden muss, also z. B. *https://www.springer.com/de.*
Mit Hilfe des `target`-Attributs legen Sie fest, ob die Seite im selben (`_self`) oder in einem neuen (`_blank`) Browserfenster bzw. Browsertab geöffnet werden soll.

Webseiten verlinken
Hyperlink zu externer Adresse (URL)
`<a href="http://www.springer.de">` `Springer-Verlag</a>`
Hyperlink in neuem Browsertab
`<a href="http://www.springer.de"` `target="_blank">Springer-Verlag</a>`
Hyperlink im selben Browsertab

`<a href="http://www.springer.de"`
`target="_self">Springer-Verlag</a>`
 	
Hinweis:
Ohne Angabe des `target`-Attributs wird die Webseite ebenfalls im selben Tab geöffnet.

Hyperlink mit Tooltipp
`<a href="http://www.springer.de"` `title="Link zu Springer">Springer</a>`
Hyperlink mit Grafik
`<a href="http://www.springer.de">` `<img src="button.gif"></a>`

Dateiinterne Links

Viele Webseiten werden heute als sogenannte *Single- oder One-Page-Anwendungen* realisiert, bei denen – wie der Name sagt – sämtliche Informationen auf einer einzigen Seite zu finden sind. Dies hat zur Folge, dass der Nutzer entweder mit der Maus scrollen oder, im Falle mobiler Endgeräte, mit dem Finger wischen muss. Dies wird, insbesondere bei größeren Seiten, schnell als lästig empfunden.

Eine Verlinkung innerhalb dieser Seite kann zu einer Verbesserung der Benutzerfreundlichkeit beitragen. Mit Hilfe von Links kann der Benutzer beispielsweise zum Anfang eines neuen Abschnitts springen oder umgekehrt an den Seitenanfang zurückgeführt werden.
Der wesentliche Unterschied zu externen Links ist, dass für dateiinterne Links anstatt einer Pfadangabe ein durch das Gatterzeichen (#) eingeleiteter Name vergeben werden muss. Das Sprungziel wird über die Eigenschaft `id` verlinkt und erhält denselben Namen, jedoch ohne Gatterzeichen. Beachten Sie, dass sich das Sprungziel auch oberhalb des Links befinden darf, z. B., um vom

Dateiinterne Links

```
<a id="oben"></a>
<a href="#kap1">zu Kapitel 1</a>
<a href="#kap2">zu Kapitel 2</a>
...
<a id="kap1"><h4>Kapitel 1</h4></a>
...
<a id="kap2"><h4>Kapitel 2</h4></a>
...
<a href="#oben"> zum Seitenanfang</a>
```

Erklärung:
Das #-Zeichen verweist auf ein Sprungziel innerhalb der Datei. Das Ziel wird mit `id=` gekennzeichnet und muss denselben Namen wie der Link jedoch ohne # erhalten. Sprungziele nach oben sind ebenso möglich, z. B., um wieder an den Seitenanfang zu gelangen.

Seitenende per Mausklick an den Seitenanfang zu gelangen. Sinnvoll ist die Ergänzung kleiner Pfeilgrafiken.

E-Mail-Links

Neben der Verlinkung auf Dateien können Sie auch auf eine E-Mail-Adresse (`mailto:`) verlinken. Vorausgesetzt, dass eine E-Mail-Software installiert ist, wird diese nach Anklicken des Links automatisch geöffnet.
Die angegebene E-Mail-Adresse wird in die Absenderzeile des E-Mail-Programms eingetragen. Sie können weitere Einträge vordefinieren, z. B. den Betreff oder den Text der E-Mail:

- `cc`: Kopieempfänger, sichtbar (A)
- `bcc`: Kopieempfänger, unsichtbar (B)
- `subject`: Betreff (C)
- `body`: Text der E-Mail (D)

Beachten Sie, dass der erste Zusatz mit einem ? angehängt wird, alle weiteren mit einem &, das codiert (`&`) geschrieben werden sollte.

E-Mail-Links

E-Mail-Link ruft E-Mail-Programm auf

```
<a href="mailto:paul@xyz.de">
paul@xyz.de</a>
```

E-Mail mit Kopieempfänger

```
<a href="mailto:paul@xyz.de?cc=
mich@xyz.de">paul@xyz.de</a>
```

E-Mail mit Betreff

```
<a href="mailto:paul@xyz.de?subject=
Anmeldung">paul@xyz.de</a>
```

E-Mail mit vordefiniertem Text

```
<a href="mailto:paul@xyz.de?body=
Hiermit bestätigen wir Ihre
Anmeldung.">paul@xyz.de</a>
```

E-Mail mit mehreren Angaben:

```
<a href="mailto:paul@xyz.de?cc=
mich@xyz.de&amp;subject=Anmeldung
&amp;body= Hiermit bestätigen wir Ihre
Anmeldung.">paul@xyz.de</a>
```

Hinweis:
Die erste Angabe wird mit ? angehängt, weitere mit `&` (die codierte Darstellung des &-Zeichens).

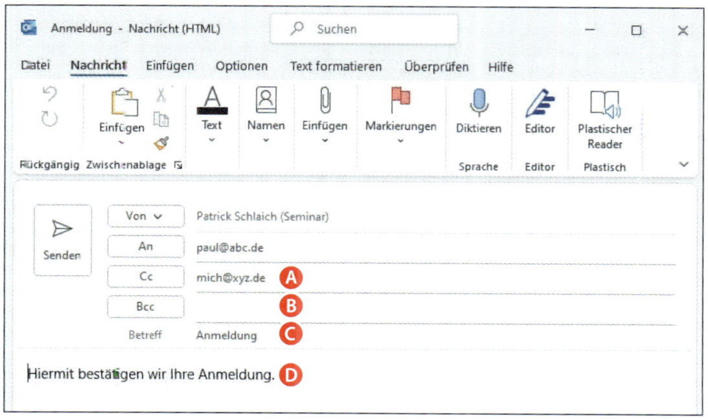

Das Verfahren hat zwei Nachteile: Der Link funktioniert nicht, wenn keine E-Mail-Software installiert ist. Zweitens laufen Sie Gefahr, dass (unverschlüsselte) E-Mail-Adressen im Quellcode schnell in Spamlisten geraten. Als Maßnahme sollten Sie die E-Mail-Adresse unbedingt verschlüsseln.

E-Mail-Links

E-Mail-Links funktionieren nur, wenn ein E-Mail-Client wie Outlook oder Thunderbird installiert ist.

2.5.3 Making of ...

1. Laden Sie – falls noch nicht erfolgt – den Ordner *making_of.zip* von bi-me.de.
2. Öffnen Sie im HTML-Editor die Datei *hyperlinks.html*.
3. Ergänzen Sie die Hyperlinks wie in den Kommentaren angegeben.
4. Testen Sie Ihre Lösung im Browser und korrigieren Sie eventuelle Fehler.
5. Vergleichen Sie Ihre Lösung mit der Musterlösung *(loesungen.zip)*.

2.6 Navigation

Eine Navigationsstruktur entspricht dem Inhaltsverzeichnis eines Buches. Der Vorteil für User/-innen besteht im Unterschied zum Buch darin, dass sie mit einem Mausklick oder Fingertipp zum gewünschte Ziel gelangen.

2.6.1 Navigationsleiste

Wie schon mehrfach erwähnt, dient HTML ausschließlich zur semantischen Beschreibung der Seiteninhalte. Um nun eine Navigationsstruktur als Einheit beschreiben zu können, wurde mit HTML5 das <nav>-Element eingeführt. Dieses sollten Sie verwenden, damit eine Screenreader-Software die Navigationsstruktur erkennt und in eine nachvollziehbare Sprache übersetzt.

Für die Links wurde in diesem Falle eine Liste verwendet. Dies funktioniert zwar, sieht aber nicht sehr ansprechend aus. Üblicherweise wird die Navigation deshalb nicht als Liste dargestellt, sondern als Buttonleiste mit CSS formatiert (siehe Seite 71).

Navigationsleiste

```
<nav>
  <ul>
    <li><a href="#">Home</a></li>
    <li><a href="#">News</a></li>
    <li><a href="#">Produkte</a></li>
    <li><a href="#">Kontakt</a></li>
    <li><a href="#">Impressum</a></li>
  </ul>
</nav>
```

Hinweis:
Das #-Zeichen steht für einen toten Link. Das Zeichen wird später durch die korrekte URL ersetzt.

- Home
- News
- Produkte
- Kontakt
- Impressum

2.6.2 Menü

Größere Webauftritte benötigen zwangsläufig eine umfangreiche Navigationsstruktur. Eine Regel aus der Wahrnehmungspsychologie besagt, dass wir Menschen nicht mehr als sieben Elemente auf einen Blick erfassen können *(Millersche Zahl)*.

Aus diesem Grund ist es erforderlich, größere Navigationsstrukturen in eine Haupt- und Subnavigation zu gliedern, die bei Bedarf aufklappt. In einem Buch entspricht diese Struktur den Haupt- und Unterkapiteln.

Aufklappmenüs waren vor HTML5 nur mit Hilfe von CSS, JavaScript oder anderen Zusatztechniken möglich. Mit

Menü

```
<nav>
  <details>
  <summary><a href="#">Herren</a>
  </summary>
  <ul>
    <li><a href="#">Hemden</a></li>
    <li><a href="#">Anzüge</a></li>
  </ul>
  </details>
  <details>
  <summary><a href="#">Damen</a>
  </summary>
  <ul>
    <li><a href="#">Schuhe</a></li>
    <li><a href="#">Kleider</a></li>
  </ul>
  </details>
...
</nav>
```

HTML5 wurden hierfür die Tags `<details>` und `<summary>` eingeführt.

Der Browser zeigt zunächst nur die Begriffe, die im `<summary>`-Element beschrieben sind. Ein kleiner Pfeil **A** weist darauf hin, dass sich eine Subnavigation hinter dem Begriff verbirgt.

Die Subnavigation klappt beim Anklicken des Pfeils auf, der Pfeil dreht sich nach unten **B**. Wie der Screenshot zeigt, ist es auch möglich, auf mehrere Begriffe zu klicken. Diese Art der Benutzerführung ist sehr einfach und allen User/-innen bekannt, weil sie auch zur Darstellung des Dateisystems verwendet wird.

Abschließend der Hinweis, dass Sie diese aufklappbare Struktur nicht nur zur Navigation verwenden können. Sie ist auch zur Gliederung längerer Texte sinnvoll.

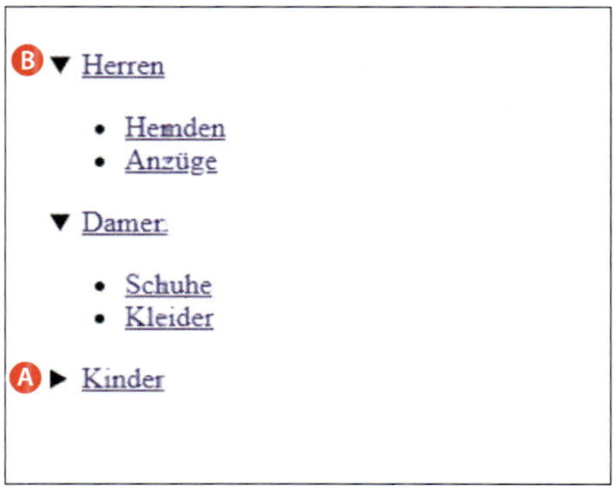

2.6.3 Making of …

1. Laden Sie – falls noch nicht erfolgt – den Ordner *making_of.zip* von bi-me.de.
2. Öffnen Sie im HTML-Editor die Datei *navigation.html*.
3. Ergänzen Sie das Aufklappmenü wie im Screenshot rechts dargestellt.
4. Testen Sie Ihre Lösung im Browser und korrigieren Sie eventuelle Fehler.
5. Vergleichen Sie Ihre Lösung mit der Musterlösung *(loesungen.zip)*.

2.7 Bilder und Grafiken

Wir sind zu einer visuellen Gesellschaft geworden, in der Informationen über Bilder und Bewegtbilder (Videos, Animationen) kommuniziert werden. Bilder und Grafiken spielen auf Webseiten deshalb eine zentrale Rolle.

Nicht alle Bilddateiformate können durch Browser angezeigt werden und sind damit „webtauglich". Wir stellen Ihnen die wichtigsten Formate und deren Merkmale vor.

2.7.1 Dateiformate

GIF

GIF (von *Graphics Interchange Format*) ist der „Veteran" der Dateiformate auf Webseiten. Obwohl das neuere PNG-Format GIF in etlichen Punkten überlegen ist, finden sich immer noch sehr viele GIF-Bilder im Internet – die Macht der Gewohnheit. Die Merkmale von GIF-Dateien sind:

- GIF besitzt eine Farbtiefe von bis zu 8 Bit, kann damit maximal 256 Farben darstellen.
- GIF komprimiert die Bilddaten ohne Qualitätsverlust.
- Einzelne Farben können aus der Farbtabelle gelöscht und damit transparent gemacht werden.
- Mit GIF können Sie Animationen nach dem Daumenkino-Effekt erstellen (Animated GIF).

Wegen der Beschränkung auf 256 Farben eignet sich das GIF-Format nur für Vorlagen mit wenigen Farben: Infografiken, Diagramme, Buttons, Logos, Strichzeichnungen, Text als Grafik.

Bilder exportieren

In Photoshop oder Illustrator können Sie Bilder im Menü *Datei > Exportieren > Exportieren als...* in das gewünscht Dateiformat exportieren.

JP(E)G

JPEG (oder JPG) – Abkürzung für *Joint Photographic Experts Group* – ist ein auch heute durch Smartphones und Digitalkameras weitverbreitetes Dateiformat. Seine wesentlichen Merkmale sind:

- JPEG-Bilder können bis zu 2^{24} = 16,7 Millionen Farben enthalten und besitzen damit den kompletten RGB-Farbumfang.
- Die gewünschte Bildqualität kann beim Abspeichern gewählt werden: Auf diese Weise kann ein Kompromiss zwischen möglichst geringer Datenmenge (und damit Ladezeit) und möglichst hoher Qualität gefunden werden.

Aufgrund des vollen Farbumfangs eignet sich JPEG immer dann, wenn Ihre Vorlagen viele Farben enthalten: Fotos, oder andere Bilder mit vielen Farben, z. B. Farbverläufe. Bei scharfen Konturen wie bei Text oder in Grafiken hat das Kompressionsverfahren seine Schwächen und führt zu einem „Verschmieren" der Konturen.

PNG

PNG (sprich: Ping) steht für *Portable Network Graphics*. PNG wurde als lizenzfreie Alternative zu JPG und GIF entwickelt und wird mittlerweile durch alle Browser unterstützt. Das Format

Dateiformate für Bilder und Grafiken

Format	JPEG	GIF	PNG-8	PNG-24	SVG
Vektorformat	nein	nein	nein	nein	ja
Farben (max.)	16,7 Mio.	256	256	16,7 Mio.	16,7 Mio.
Qualität	wählbar	hoch	hoch	hoch	hoch
Animation	nein	ja	nein	nein	ja
Skalierbarkeit	nein	nein	nein	nein	ja
Transparenz	nein	(ja)	nein	ja	ja
ICC-Profil	ja	nein	nein	nein	nein
Anwendung	Fotos	Grafiken	Grafiken	Fotos, freigestellte Bilder	(skalierbare) Grafiken

liegt in zwei Versionen vor: PNG-8 und PNG-24.

- *PNG-8* beschränkt die Farbanzahl auf 8 Bit, was 256 (2^8) Farben entspricht. Seine Merkmale und Anwendungsmöglichkeiten entsprechen somit denen von GIF-Dateien. Animationen sind mit PNG-8 jedoch nicht möglich.
- *PNG-24* speichert Bilder wie JPEG mit 2^{24} = 16,7 Millionen Farben. Im Unterschied zu JPEG komprimiert PNG-24 verlustfrei. Diesen Vorteil erkaufen Sie sich mit einer höheren Datenmenge. Ein neben der sehr guten Qualität weiterer Vorteil von PNG-24 ist, dass dieses Format – im Unterschied zu GIF – echte Transparenz ermöglicht. Dies unterscheidet PNG von GIF, das nur einzelne Farben transparent machen kann.

Zusammenfassend lässt sich sagen, dass PNG-8 als bessere Alternative zu GIF eingesetzt werden kann, um Grafiken abzuspeichern. PNG-24 liefert qualitativ hochwertige Ergebnisse und ermöglicht echte Freistellungen, reduziert die Datenmenge jedoch wenig.

SVG

Bei SVG *(Scalable Vector Graphic)* handelt es sich im Unterschied zu den drei vorherigen Formaten um ein Format für Vektorgrafiken. Vektorgrafiken speichern den Bildinhalt nicht Pixel für Pixel ab, sondern beschreiben die Elemente der Grafik mathematisch. Ein Kreis ist z. B. durch seinen Mittelpunkt und Radius definiert. Im Unterschied zu Pixelbildern wird eine Vektorgrafik erst beim Öffnen in Pixel umgerechnet. Darüber hinaus besitzen SVG-Dateien folgende Merkmale:

- Vektorgrafiken sind von der Displayauflösung unabhängig, da die Grafik beliebig skalierbar ist. Die Qualität bleibt immer gleich hoch.
- In SVG können Sie Schriften als Pfade abspeichern, so dass der Zeichensatz der Schrift nicht mehr erforderlich ist.
- Durch das vektorbasierte Speichern ergeben sich vergleichsweise geringe Datenmengen.
- SVG-Vektorgrafiken können animiert werden.
- SVG kann Pixelgrafiken einbinden.
- Die SVG-Beschreibungssprache ist nach ähnlichen Regeln aufgebaut wie HTML. Man sagt, beide sind *XML-konform*. Daraus folgt, dass der Quellcode einer SVG-Grafik auch direkt in eine HTML-Datei eingebunden werden kann (siehe Seite 27).

Aufgrund der Vorteile sollten Sie SVG-Dateien für Grafiken aller Art verwenden: Infografiken, Diagramme, animierte Grafiken, Schrift (als Grafik).

2.7.2 Bilder referenzieren

Bilder lassen sich in HTML-Dokumente nicht importieren, sondern werden mit diesen stets mit Hilfe des `<img>`-Tags verknüpft (referenziert). Dabei ist entscheidend, dass Sie den *relativen* Pfad zur Bildquelle angeben. Die Grafik unten verdeutlicht die möglichen Positionen, die Bilder relativ zur HTML-Datei haben können:

Liegt das Bild im selben Verzeichnis wie die HTML-Datei, genügt die Angabe des Dateinamens. Befindet sich das Bild in einem Verzeichnis, muss der Name des Verzeichnisses gefolgt von einem Slash (/) angegeben werden. Im Fall, dass die Zieldatei in einem untergeordneten Verzeichnis liegt, muss vor dem Dateinamen `../` stehen.

Beachten Sie die Groß- und Kleinschreibung: Eine Datei „button.gif" darf nicht als „Button.gif" referenziert werden, weil dies für Unix-basierte Webserver unterschiedliche Dateien sind.

Durch die Angabe der Eigenschaften `width` und `height` im `<img>`-Tag können Sie festlegen, wie groß das Bild angezeigt werden soll. Besser ist es allerdings, die benötigte Größe mit Hilfe von CSS festzulegen.

Die Angabe eines alternativen Textes (`alt="..."`) hilft sehbehinderten oder blinden Menschen, den Inhalt einer Webseite auch ohne Bilder verstehen zu können, wenn sie ihn durch einen Screenreader vorgelesen bekommen.

Ein mit HTML5 neu eingeführtes Element ist `<figure>`. Es hat eine rein semantische Funktion, dient also zur Kennzeichnung der Abbildung.

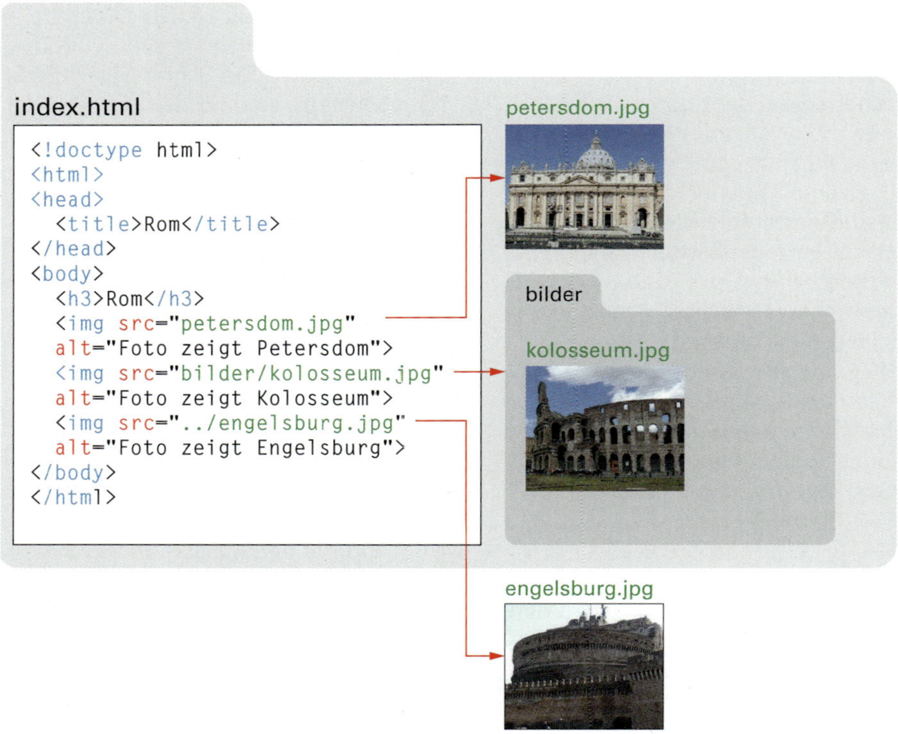

Bilder referenzieren

Im Quellcode wird der relative Pfad zur HTML-Datei angegeben. (Beachten Sie, dass das `<img>`-Tag kein End-Tag benötigt.)

Bilder/Grafiken referenzieren

Bild „button.gif“ im selben Verzeichnis

```
<img src="button.gif">
```

(img = image = Bild, src = source = Quelle)

Bild im Unterverzeichnis

```
<img src="bilder/button.gif">
```

Bild im übergeordneten Verzeichnis

```
<img src="../button.gif">
```

Angabe eines Alternativtextes

```
<img src="news.gif" alt="Link zu den
neuesten Meldungen">
```

Bild mit Breiten- und Höhenangabe in Pixel

```
<img src="button.gif" width="200"
height="100">
```

Semantische Kennzeichnung

```
<figure>
  <img src="button.gif">
</figure>
```

SVG-Grafiken generieren

Erzeugen einer SVG-Grafik (hier: 200 px · 200 px)

```
<svg xmlns="http://www.w3.org/2000/svg" width="200"
 height="200">
 ...
</svg>
```

Rechteck (rot) mit Eckpunkt (x|y) links oben

```
<rect x="0" y="0" fill="red" width="40" height="60"/>
```

Linie (schwarz, 2 px) von (x1|y1) zu (x2|y2)

```
<line x1="20" y1="150" x2="180" y2="150" stroke="black"
 stroke-width="2"/>
```

Kreis (rot) um Mittelpunkt (cx|cy) und Radius r

```
<circle r="10" cx="100" cy="100" fill="red"/>
```

Text ab Punkt (x|y)

```
<text x="50" y="100" font-family="Arial" font-size="18">
Text</text>
```

Beispiel

```
<svg xmlns="http://www.w3.org/2000/svg" width="200"
 height="200">
<rect x="0" y="0" width="200" height="200" fill="lightgray">
<rect x="45" y="85" fill="red" width="40" height="65"/>
<rect x="115" y="60" fill="green" width="40" height="90"/>
<line x1="18" y1="150" x2="182" y2="150" stroke="black"
 stroke- width="2"/>
<text x="15" y="35" font-family="Arial" font-size="30">
 Abstimmung</text>
<text x="50" y="170" font-family="Arial" font-size="18">
 nein</text>
<text x="130" y="170" font-family="Arial" font-size="18">
ja</text>
</svg>
```

2.7.3 Grafiken generieren

SVG

Wie bereits erwähnt werden Grafiken nicht Pixel für Pixel gespeichert, sondern mit Hilfe einer Beschreibungssprache definiert. Erfüllt diese Sprache – wie HTML auch – die Regeln der Metasprache XML (Extensible Markup Language), dann können Grafiken auch direkt im HTML-Quellcode erzeugt werden. Dies ist bei Grafiken wichtig, die laufend verändert werden müssen, z. B. Aktienkurse oder Online-Abstimmungen. Hier kann es gefordert sein, dass eine Grafik alle paar Sekunden aktualisiert wird.

SVG-Vektorgrafiken haben Sie bereits im letzten Abschnitt kennengelernt. Sie können sie beispielsweise mit Illustrator erzeugen und wie im letzten Abschnitt beschrieben referenzieren. Alternativ geht dies direkt im Quellcode. Dabei gelten folgende Regeln:

- Der Nullpunkt des Browserfensters befindet sich immer links oben.
- Die x-Koordinate nimmt von links nach rechts zu.
- Die y-Koordinate nimmt (im Unterschied zur Mathematik) von oben nach unten zu.

Das Beispiel ergibt die rechts dargestellte Grafik. Die Datei *svg.html* mit dem Quellcode können Sie sich auf bi-me.de herunterladen und Änderungen testen.

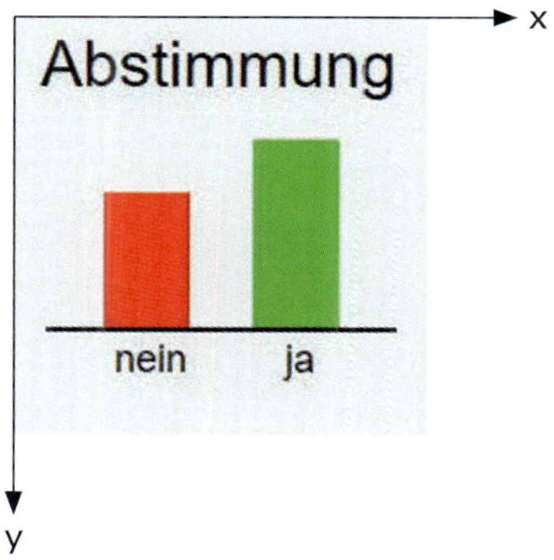

Canvas-Grafik generieren (Beispiel)

```
Ⓐ<canvas id="grafik"width="200"height="200">

<script type="text/JavaScript">
Ⓑ var g = document.getElementById(„grafik");
  var g = g.getContext("2d");

//Rechtecke
  g.fillStyle="lightgray";
  g.fillRect(0,0,200,200);
  g.fillStyle="red";
  g.fillRect(45,85,40,65);
  g.fillStyle="green";
  g.fillRect(115,60,40,90);
  g.fillStyle="black";

//Linie
  g.beginPath();
  g.moveTo(18,150);
  g.lineTo(182,150);
  g.lineWidth = 3;
  g.stroke();
  g.closePath();

//Text
  g.font="30px Arial";
  g.fillText(„Abstimmung",15,35);
  g.font="18px Arial";
  g.fillText(„nein",48,170);
  g.fillText(„ja",130,170);

</script>
```

Canvas
Canvas ist ein mit HTML5 neu eingeführtes Element zur Erstellung von Vektorgrafiken. Übersetzt bedeutet Canvas „Leinwand" und dieses Wort beschreibt das HTML-Element treffend: Canvas definiert – wie bei SVG – über `width` und `height` einen Bereich, der zur Erstellung von Grafiken genutzt werden kann Ⓐ.

Im Unterschied zu SVG können Sie jedoch nicht direkt auf dieser „Leinwand" arbeiten, sondern müssen hierfür die Programmiersprache *JavaScript* verwenden. Diese stellt das – kompliziert klingende – Objekt `CanvasRenderingContext2D` zur Verfügung, mit dessen Hilfe Grafiken erstellt werden können Ⓑ. Im Kasten sehen Sie den Quellcode, um dieselbe Grafik zu generieren wie auf der vorherigen Seite mit SVG. Auch die Datei *canvas.html* finden Sie auf bi-me.de. Weitere Informationen über die umfangreichen Möglichkeiten von Canvas finden Sie auf w3schools.com/html/html5_canvas.asp.

2.7.4 Making of ...

1. Laden Sie – falls noch nicht erfolgt – die Übungsdateien von bi-me.de.
2. Entpacken Sie den Ordner *bilder.zip*.
3. Öffnen Sie im HTML-Editor die Datei *haustiere.html*.
4. Ergänzen Sie die Links im Quellcode, so dass alle vier Tierbilder angezeigt werden. Beachten Sie hierbei die relative Position der Bilder zur HTML-Datei (siehe Grafik unten).
5. Testen Sie Ihre Lösung im Browser und korrigieren Sie eventuelle Fehler.
6. Vergleichen Sie Ihre Lösung mit der Musterlösung *(loesungen.zip)*.

2.8 Formulare

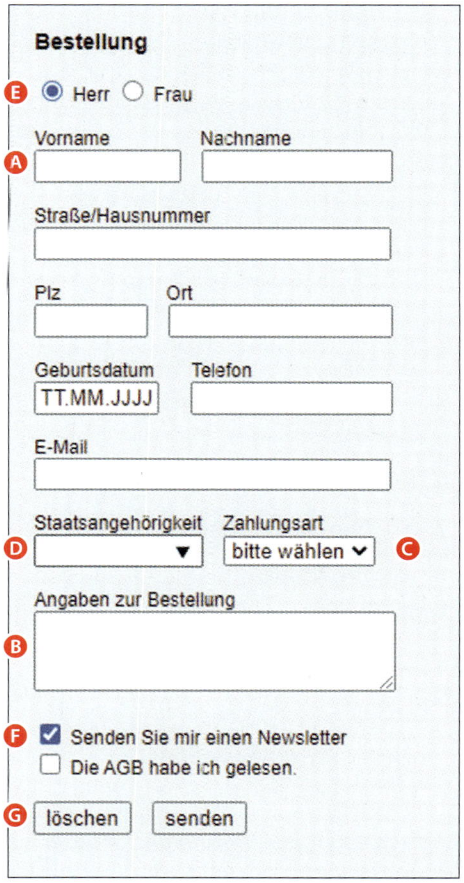

Formulare sind das zentrale Element interaktiver Webseiten. Sie ermöglichen den Nutzer/-innen, mit dem Anbieter der Website in Kontakt zu treten – ein Vorteil digitaler Medien im Vergleich zu Printmedien. Formulare lassen sich beispielsweise nutzen, um

- Suchbegriffe einzugeben,
- Benutzerdaten zu übertragen, z. B. Anschrift oder Bankverbindung,
- Waren in Webshops zu bestellen,
- über Rezensionen, Blogs, Chats zu kommunizieren.

Für das umfassende Thema Formulare werden folgende Technologien benötigt:

- Das Formular selbst wird mit HTML erstellt.
- Die Prüfung, ob die Anwender/-innen die Daten vollständig und korrekt eingeben, kann mit HTML (siehe Seite 33) oder mit JavaScript erfolgen.
- Die serverseitige Auswertung der Formulardaten erfolgt mit PHP oder einer anderen serverseitigen Technologie.

2.8.1 Formulardefinition

Für Formulare stellt HTML das `<form>`-Element zur Verfügung:

Definition eines Formulars

```
<form>
  <!-- Formularelemente -->
</form>
```

Alle benötigten Formularelemente werden zwischen `<form>` und `</form>` angegeben. Im links dargestellten Formular finden Sie die wichtigsten Elemente. Dabei handelt es sich um:

- Textfelder, einzeilig (A) oder mehrzeilig (B)
- Auswahllisten als Menü (C) oder als Datenliste (D)
- Radiobuttons (E) oder Checkboxen (F)
- Schaltflächen (Buttons) (G)
- Versteckte Felder
- Felder für Datei-Upload

2.8.2 Textfelder

Für die Eingabe von Text stehen Ihnen einzeilige Textfelder `<input type="text">` oder mehrzeilige Textfelder `<textarea>` zur Verfügung. Die Eigenschaften eines Textfeldes werden über folgende Attribute beschrieben:

Textfelder

Einzeiliges Textfeld

```
<input type="text" name="…" size="…"
maxlength="…" value="…">
```

Mehrzeiliges Textfeld

```
<textarea name="…" cols="…" rows="">
</textarea>
```

Beispiel

```
<input type="text" name="vorname"
size="25" maxlength="40">

<textarea name="bemerkung" cols="20"
rows="3"></textarea>
```

- `name` ist erforderlich, damit die automatische Auswertung des Formulars, z. B. mittels PHP-Skript, möglich ist.
- `size` gibt die Anzahl an Zeichen vor und bestimmt damit die Breite des Feldes.
- `maxlength` begrenzt die maximale Anzahl an Zeichen, die eingegeben werden können.
- `value` ermöglicht die Eingabe eines Textes, z.B., um das Datumsformat TT.MM.JJJJ vorzugeben.
- Bei mehrzeiligen Textfeldern muss die Anzahl an Zeilen (`rows`) und Spalten (`cols`) angegeben werden.

Menü

```
<select name="…" size="…">
  <option> … </option>
  <option> … </option>
  …
</select>
```

Beispiel

```
<select name="zahlung" size"1">
  <option>bitte wählen</option>
  <option>Kreditkarte</option>
  <option>Nachnahme</option>
  <option>Rechnung</option>
</select>
```

Datenliste

```
<input type="text" name="…" list="…"
size="30"><br>
<datalist id="…">
  <option value="…">
  <option value="…">
  …
</datalist>
```

Hinweis: Damit Textfeld und Datenliste verknüpft werden, muss der unter `list` vergebene Name mit der `id` übereinstimmen.

Beispiel

```
<input type="text" name="land"
list="staat" size="30"><br>
<datalist id="staat">
  <option value="Deutschland">
  <option value="Frankreich">
  <option value="Schweiz">
</datalist>
```

2.8.3 Auswahllisten

Ein *Menü* wird über `<select>` definiert. Der User oder die Userin kann eine der angebotenen Optionen `<option>` auswählen. Über das `size`-Attribut legen Sie fest, wie viele Zeilen des Menüs angezeigt werden sollen. Entspricht die Zahl der Anzahl an Einträgen, so ist das Menü komplett sichtbar. Andernfalls klappt das Menü auf, wenn der Nutzer auf den kleinen Pfeil am rechten Rand klickt.

Eine *Datenliste* `<datalist>` ähnelt starkt einem Menü. Der Unterschied besteht darin, dass keine der angebotenen Optionen gewählt werden muss, sondern auch ein eigener Text eingegeben werden kann.

2.8.4 Radiobuttons und Checkboxen

Radiobuttons `<input type="radio">` haben ihren Namen von alten Radios, die noch Drucktaster hatten. Sobald ein Taster gedrückt wurde, sprang der zuvor betätigte Taster raus. In Formularen machen Radiobuttons also nur dann Sinn, wenn sie zu Gruppen von mindestens zwei Buttons mit demselben Namen

Radiobutton
`<input type="radio" name="…" value="…">`
Beispiel
`<input type="radio" name="anrede" value="Herr" checked>Herr`   `<input type="radio" name="anrede" value="Frau">Frau`

Checkbox
`<input type="checkbox" name="…" value="…">`
Beispiel
`<input type="checkbox" name="newsletter" value="News" checked>Newsletter abonnieren`

(`name`) zusammengefasst werden. Mit `value` kann ein gewünschter Wert an das auswertende Skript übergeben werden. Über das `checked`-Attribut kann bereits ein Button vorgewählt werden.

Bei *Checkboxen* `<input type="checkbox">` handelt es sich um quadratische Kästchen, die per Mausklick mit einem Kreuz gekennzeichnet werden. Im Unterschied zu Radiobuttons können sie auch einzeln verwendet werden. Die Bedeutungen der Attribute `name`, `value` und `checked` entsprechen denjenigen der Radiobuttons.

2.8.5 Schaltflächen (Buttons)

Um eine Aktion auszulösen, muss ein Formular eine Senden-Schaltfläche `<input type="submit">` bereitstellen. Wird diese betätigt, erfolgt die Datenübertragung und -auswertung z. B. mittels PHP-Skript.
Um die Eintragungen eines Formulars bei Bedarf löschen zu können, stellt HTML eine weitere Schaltfläche `<input type="reset">` bereit. Die Beschriftung der Schaltflächen erfolgt über das `value`-Attribut.

Senden-Button
`<input type="submit" value="…" name="…">`
Beispiel
`<input type="submit" name="los" value="Absenden">`

Reset-Button
`<input type="reset" value="…">`
Beispiel
`<input type="reset" value="Löschen">`

Mehrere Senden-Buttons
`<input type="submit" formaction="…" formmethod="…" value="…">`
Beispiel
`<input type="submit" formaction="warenkorb.php" formmethod="get" value="Warenkorb">`   `<input type="submit" formaction="kasse.php" formmethod="get" value="Zur Kasse">`

Mit HTML5 neu eingeführt wurden Formulare mit mehreren Senden-Schaltflächen. Die Auswertung der Benutzereingaben erfolgt dann in Abhängigkeit von der angeklickten Schaltfläche. Hierzu wird die jeweils unter `formaction` angegebene Skriptdatei aufgerufen.

2.8.6 Versteckte Felder

Versteckte Felder `<input type="hidden">` sind für die Nutzer/-innen unsichtbar und dienen der Übertragung von Informationen (`value`), ohne dass die Nutzer/-innen etwas eingeben müssen. Dies könnte beispielsweise die Bestellnummer oder der Preis eines bestellten Artikels sein.

2.8.7 Datei-Upload

Um das Hochladen von Dateien `<input type="file">` zu ermöglichen, muss in der Formulardefinition der sogenannte `enctype` ergänzt werden. Beachten Sie auch, dass der Upload von Dateien nur mit der Methode `post` funktioniert (siehe nächster Abschnitt).

Das Attribut `accept` ermöglicht die Einschränkung der Auswahl, z. B. auf Bilder `image/*`, Sounds `audio/*` oder Videos `video/*`. Hierdurch können Sie das Sicherheitsrisiko, das Datei-Uploads mit sich bringen, etwas einschränken.

Datei-Upload

```
<form enctype="multipart/form-data"
name="…" action="…" method="post">
  <input type="file" name="…"
  accept="…">
</form>
```

Beispiel

```
<form enctype="multipart/form-data"
name="bild" action="bilder.php"
method="post">
  <input type="file" name="cover"
  accept="image/*">
</form>
```

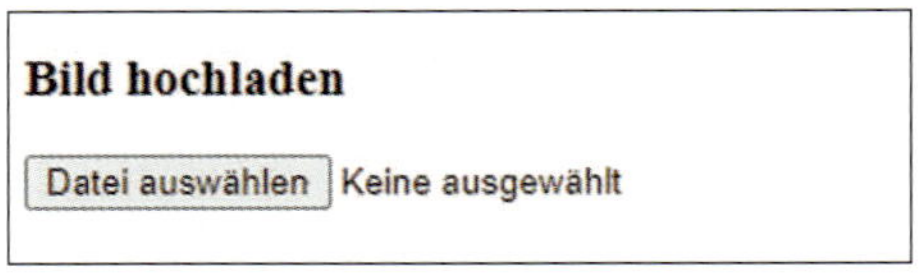

2.8.8 Barrierefreie Formulare

Formulare stellen für blinde oder sehbehinderte Menschen eine Barriere dar, auch Menschen mit motorischen Einschränkungen tun sich schwer damit, ein kleines Kästchen anzuklicken.

Für diese Usergruppe wurde das HTML-Tag `<label>` eingeführt. Hierzu muss das Label über `for` mit einem Namen versehen werden, der sich identisch als `id` im `<input>`-Element befindet. Label und Formularfeld sind damit verknüpft. Klickt oder tippt der User auf den Text im Label, wird das Formularfeld zur Eingabe aktiviert. Außerdem gibt das Label einem Screenreader die Information, dass es sich um ein Formularfeld handelt.

Barrierefreie Formulare

```
<label for="…">…</label>

<input type="text" id="…" name="…"
size="…">
```

Beispiel

```
<label for="v">Vorname</label>

<input type="text" id="v" name="vname"
size="8">
```

2.8.9 Datenübertragung

Zur Auswertung der eingegebenen Formulardaten werden diese an einen Server übertragen und dort mit Hilfe einer Skriptsprache, z. B. PHP, ausgewertet. Der Name des Skripts muss bei der Formulardefinition unter `action` angegeben werden.

Die zweite erforderliche Information ist die über `method` definierte Form der Datenübertragung. Hierbei werden zwei Methoden unterschieden:

Methode „get"

Bei `get` werden die Daten zur Übertragung an den Server mit Hilfe eines Fragezeichens an den Namen der aufgerufenen Datei angehängt – im Screenshot rechts sehen Sie dies bei einer Suchanfrage in Google **A**.

Die Datenmenge ist bei dieser Methode auf 2.048 Zeichen begrenzt. Da die Daten für alle sichtbar mit der URL übertragen werden, dürfen mit `get` niemals sensible Daten wie Kontonummern übertragen werden.

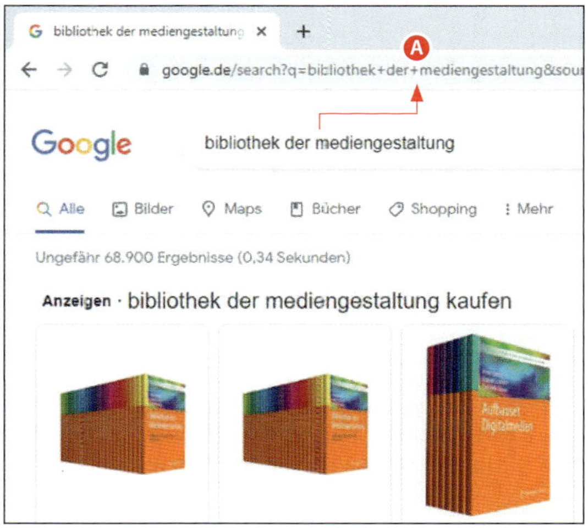

Methode „post“
Für große Datenmengen oder wenn die übertragenen Daten verdeckt bleiben sollen, steht die Methode `post` zur Verfügung. Hierbei werden die Daten im Dateikopf übertragen, ohne dass sie für die Benutzer/-innen sichtbar sind.

Neu in HTML5 ist die Eigenschaft `autocomplete`. Wird diese auf `on` gesetzt, vervollständigt der Browser die Eingabe, indem er die gemachten Angaben mit bereits gespeicherten Formulareingaben vergleicht. Hierdurch geht das Ausfüllen eines Formulars für den Nutzer oder die Nutzerin schneller.

Datenübertragung

Datenübertragung mit `get`

```
<form name="test" action="test.php"
method="get">
  <!-- Formularelemente -->
</form>
```

Datenübertragung mit `post`

```
<form name="test" action="test.php"
method="post">
  <!-- Formularelemente -->
</form>
```

Formular mit Auto-Vervollständigung

```
<form autocomplete="on">
  <!-- Formularelemente -->
</form>
```

2.8.10 Datenprüfung

Der Hauptzweck von Formularen besteht darin, Benutzerangaben in eine Datenbank des Anbieters zu übertragen. Dies soll möglichst automatisiert und fehlerfrei funktionieren.

Stellen Sie sich nun vor, dass die Angabe des Geburtsdatums erforderlich ist. In einem einfachen Textfeld ist dies beispielsweise in der Form 12.05.1990, 12.5.90, 12. Mai 1990 oder 12-05-90 möglich. Obwohl der Benutzer ein vermeintlich korrektes Datum eingetragen hat, ist eine automatisierte Auswertung kaum möglich.

Wegen der großen Bedeutung korrekter Formulardaten wurden mit HTML5 neue Feldtypen bereitgestellt, die eine korrekte Eingabe der Daten erzwingen. Dies geschieht zum einen dadurch, dass der Nutzer die Eingabe nicht mehr eintippt, sondern aus einer Liste auswählt. Der Screenshot rechts zeigt ein Eingabefeld vom Typ `date`. Eine weitere Möglichkeit ist, dass der Nutzer oder die Nutzerin bestimmte Zeichen(folgen) eingeben muss, damit die Eingabe akzeptiert wird. Bei Eingabefeldern vom Typ `email` müssen Buchstabenfolgen mit einem @-Zeichen eingegeben werden. Natürlich kann dies nicht verhindern, dass die Nutzer/-innen (absichtlich) falsche Adressen eingeben, Fehleingaben werden aber eventuell vermieden.

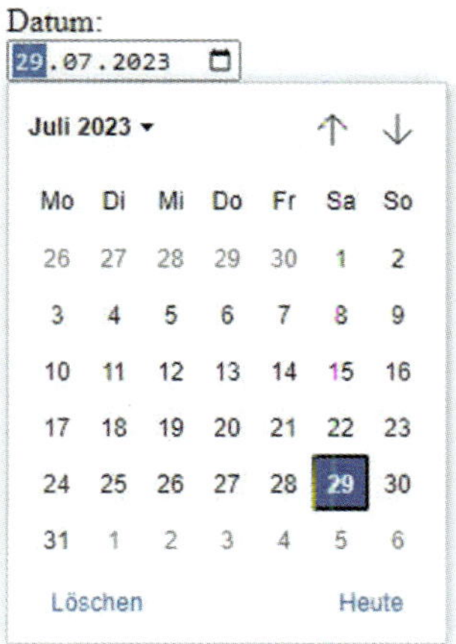

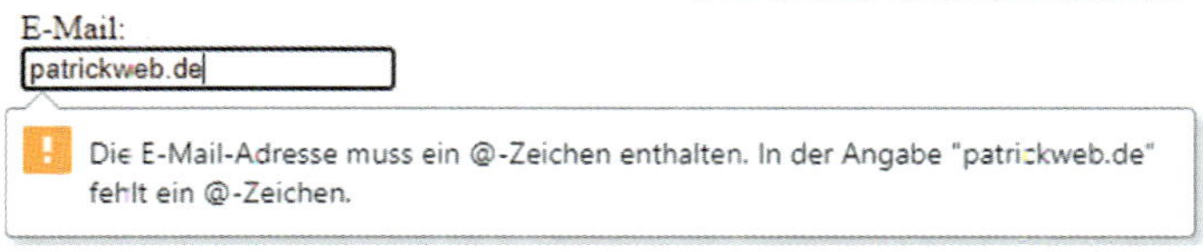

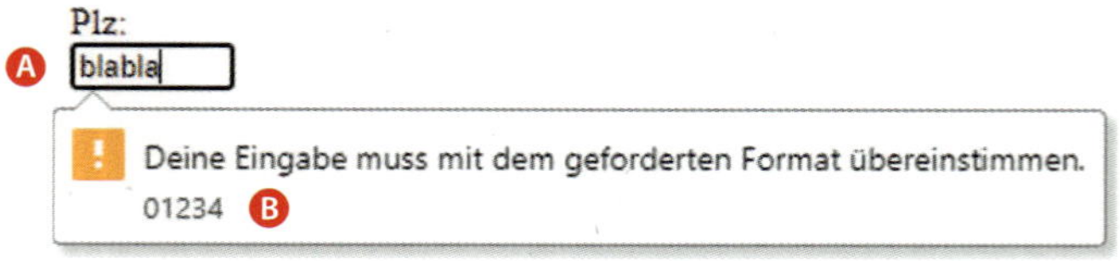

Eine dritte Möglichkeit ist, dass mit Hilfe von `pattern` sogenannte *reguläre Ausdrücke* angegeben werden. Diese legen exakt fest, in welcher Form die Eingabe erfolgen muss. Beispiel: Im regulären Ausdruck für Postleitzahlen werden die erlaubten Zeichen in eckiger Klammer angegeben (hier: `[0-9]`). Danach folgt die Anzahl an Zeichen in geschweifter Klammer (hier: `{5}`).

Beim Anklicken des Senden-Buttons erscheint eine Fehlermeldung, wenn die Daten nicht in der vorgeschriebenen Form eingegeben wurden **A**. Bei `title` notieren Sie den Text, der in diesem Fall angezeigt werden soll (hier: `01234`) **B**. Dies ist als Hilfe für die korrekte Eingabe gedacht. Sogenannte *Pflichtfelder*, die vom User ausgefüllt werden müssen, werden mit `required` (dt.: erforderlich) gekennzeichnet.

Datenprüfung
Eingabefeld für ein Datum
`<input type=“date“>`
Eingabefeld für eine E-Mail-Adresse
`<input type=“email“>`
Eingabefeld für ein vorgegebenes Format
`<input type=“pattern“>`
Beispiel
`<label for=“d“>Datum:</label> ` `<input type=“date“ id=“d“ required> ` `<label for=“e“>E-Mail:</label> ` `<input type=“email“ id=“e“ required>` ` ` `<label for=“p“>Plz:</label> ` `<input type=“text“ pattern=“[0-9{5}“` `id=“p“ title=“01234“ size=“5“> ` `<label for=“t“>Telefon:</label> ` `<input type=“text“ pattern=“[0-9]` `{3,5}[/][0-9]{5,9}“ id=“t“` `title=“01234/56789“ size=“10“>`

2.8.11 Making of …

1 Laden Sie – falls noch nicht erfolgt – die Übungsdateien von bi-me.de.

2 Öffnen Sie im HTML-Editor die Datei *formular.html*.

3 Ergänzen Sie im `<body>` das im Screenshot dargestellte Formular.

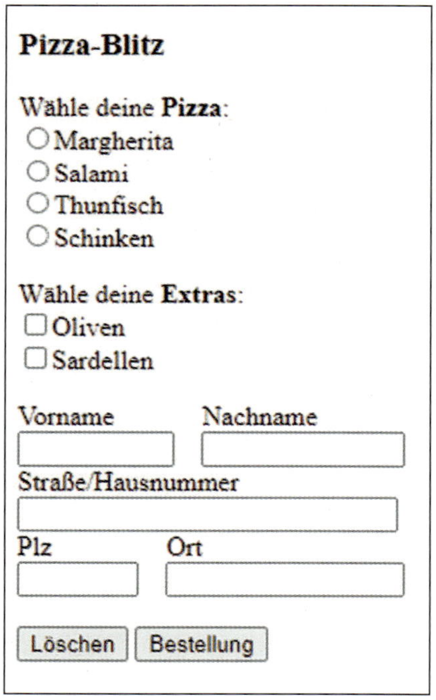

4 Testen Sie Ihre Lösung im Browser und korrigieren Sie ggf. Fehler.

5 Vergleichen Sie Ihre Lösung mit der Musterlösung *(loesungen.zip)*.

2.9 AV-Dateien

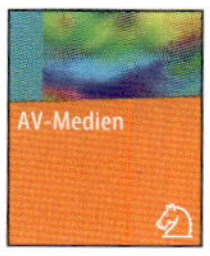

Das Einbinden von Audio- oder Videodateien auf Webseiten oder in Apps ist heute weit verbreitet und wird mittlerweile auch von nahezu allen Webbrowsern unterstützt.

Wenn Sie Audio oder Video auf einer Website einsetzen wollen, müssen Sie bedenken, dass die Datenmengen wesentlich höher sind als bei Text, Bilder oder Grafiken. Datenmengen spielen vor allem bei mobilen Internetverbindungen eine Rolle, weil dort (noch) nicht flächendeckend hohe Datenraten verfügbar sind.

Videoportale wie *YouTube* bieten aus diesem und aus lizenzrechtlichem Grund Videos nicht zum Download an, sondern ermöglichen lediglich sogenanntes *On-Demand-Streaming*. Dabei werden keine kompletten Dateien übertragen, sondern lediglich die Daten, die die nächsten Sekunden des Videos oder Audios enthalten. Diese werden zwischengespeichert und kurze Zeit später im Browser abgespielt. Solange dieser Speicher nicht schneller geleert als neu befüllt wird, läuft das Video ohne zu stoppen ab.

2.9.1 Audio

Für das Abspielen von Audiodateien stellt HTML5 das `<audio>`-Element zur Verfügung. Momentan gibt es drei Audioformate, die unterstützt werden:

- MP3 (von allen Browsern unterstützt)
- OGG (nicht mit Safari-Browser)
- WAV (nicht empfehlenswert, da sehr hohe Datenmenge)

Zur Angabe der Sounddatei muss (wie auf Seite 27 für Bilder beschrieben) nach `src` der *relative* Pfad zur Datei angegeben werden. Die Information an den Browser, welcher Dateityp verwendet und abgespielt werden soll, erfolgt über das `type`-Attribut.

Durch `controls` werden Steuerelemente angezeigt, `autoplay` bewirkt, dass der Sound beim Öffnen der Seite sofort abgespielt wird. Schließlich erreichen Sie durch `loop`, dass der Sound als Schleife wiederholt wird.

2.9.2 Video

Das mit HTML5 eingeführte `<video>`-Element ermöglicht es, Videos in folgenden drei Formaten abzuspielen:

- MP4 (von allen Browsern unterstützt)
- OGG (nicht mit Safari-Browser)
- WebM (von allen Browsern unterstützt)

Die Breite und Höhe des Videos sollten Sie über `width` und `height` angeben. Wie bei den Audioformaten auch, muss

Sound einbinden

```
<audio controls autoplay>
  <source src="…" type="…">
</audio>
```

Beispiel

```
<audio controls autoplay>
  <source src="sound.mp3"
  type="audio/mpeg">
</audio>
```

Video einbinden

```
<video controls autoplay poster="…" >
  <source src="…" type="…">
</video>
```

Beispiel

```
<video width="320" height="240"
controls poster="bild.jpg">
  <source src="video.mp4"
  type="video/mp4">
</video>
```

das gewählte Videoformat über `type` spezifiziert werden. Auch die Eigenschaften `autoplay` und `controls` kennen Sie bereits aus dem letzten Abschnitt. Bei Video kommt noch die Eigenschaft `poster` hinzu, mit der Sie ein Bild angeben können, das als Standbild gezeigt werden soll.

2.9.3 Animation

Zum Thema „Bewegtbilder" gehören neben Videos auch Animationen. Vielleicht kennen Sie noch Flash, eine Technologie, die das Abspielen von Animationen im Webbrowser mit Hilfe eines Plug-ins möglich gemacht hat. Mittlerweile ist Flash Geschichte.

Wenn Sie sich mit dem Thema Animation beschäftigen wollen, so stehen Ihnen heute mehrere Möglichkeiten zur Verfügung:

- Der Flash-Nachfolger von Adobe heißt *Animate*. Wenn Sie Flash gekannt haben, wird Ihnen der Umstieg sehr leicht fallen, weil die Bedienung praktisch identisch geblieben ist. Auf Animate gehen wir in einem eigenen Band dieser Buchreihe ein.
- Eine zweite, mächtige Animationssoftware von Adobe ist *After Effects*.
- Wenn Sie mit *CAD-Software* arbeiten, dann bieten diese Programme immer auch die Möglichkeit, dort erstellte Animationen zu rendern und als Videodatei auszugeben.
- In Kapitel 2.7 sind wir kurz auf zwei Beschreibungssprachen für Grafiken – *SVG und Canvas* – eingegangen. Beide ermöglichen auch die Erstellung von Animationen.
- Schließlich erfahren Sie in Kapitel 3.9 ab Seite 78, wie Sie *CSS* zur Animation von Objekten nutzen.

2.9.4 Making of ...

1 Gehen Sie für diese Übung auf pixabay.com/de. Wählen Sie im Suchfeld rechts *Video* und geben Sie einen gewünschte Suchbegriff ein. Laden Sie ein Video Ihrer Wahl herunter.

2 Wiederholen Sie Schritt 1, um eine Musikdatei herunterzuladen (falls Sie keine eigenen MP3s auf Ihrem Computer haben).

3 Öffnen Sie im HTML-Editor die neue Datei und speichern Sie sie unter dem Namen *av.html*.

4 Geben Sie das Grundgerüst einer HTML-Datei ein.

5 Binden Sie im `<body>` die Audio- und Videodatei ein. Achten Sie auf den relativen Dateipfad.

6 Testen Sie Ihre Lösung im Browser und korrigieren Sie eventuelle Fehler.

2.10 Testing

2.10.1 Webbrowser

Zur Betrachtung eines HTML-Dokuments wird eine Software benötigt, die die HTML-Elemente aus dem Text entfernt und die enthaltenen Anweisungen ausführt. Der Vorgang wird als *Parsen* (to parse, dt.: analysieren) bezeichnet.

Ein Webbrowser ist eine Software, die einen *HTML-Parser* besitzt. In den unterschiedlichen Browsern kommen folglich auch unterschiedliche Parser zum Einsatz. Die Folge ist, dass Sie nicht davon ausgehen können, dass ein HTML-Dokument immer gleich dargestellt wird. Dies stellte noch vor einigen Jahren ein Problem dar, weil ältere Browser die neuen HTML5-Tags nicht kannten und damit auch nicht interpretieren konnten. Mittlerweile wird HTML5 von allen wichtigen Browsern „verstanden".

Die Grafiken zeigen die Browserstatistiken (Stand: 2022) der in Deutschland eingesetzten Browser, oben für Desktop-PCs, unten für Smartphones. Bei den Desktop-Geräten ist in Deutschland mit ca. 45 % Google Chrome der beliebteste Browser, gefolgt von Firefox (20 %), Microsoft Edge (14 %), Apple Safari (12 %) und Opera (7 %).

Auch bei den Browsern für Smartphones hat Google mit 47 % die Nase vorn. Auf Platz 2 kommt Apple Safari, was an der weiten Verbreitung von iPhones liegt. Für ihre große Produktpalette an Smartphones hat Samsung einen eigenen Browser entwickelt und erreicht damit einen Marktanteil von 11 %. Die Browser von Firefox oder Microsoft spielen bei Smartphones keine Rolle.

Die Grafiken geben nicht wieder, dass die Browser ständig weiterentwickelt werden und somit in unterschiedlichen Versionen im Einsatz sind. Dies

Browser-Marktanteile bei Desktop-Geräten (Deutschland)

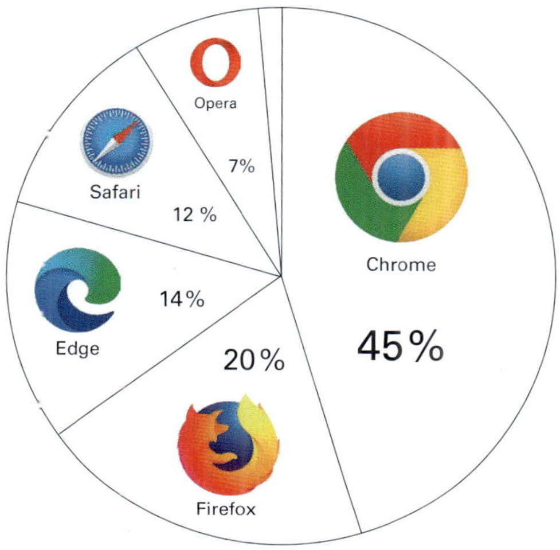

Browser-Marktanteile bei mobilen Geräten (Deutschland)

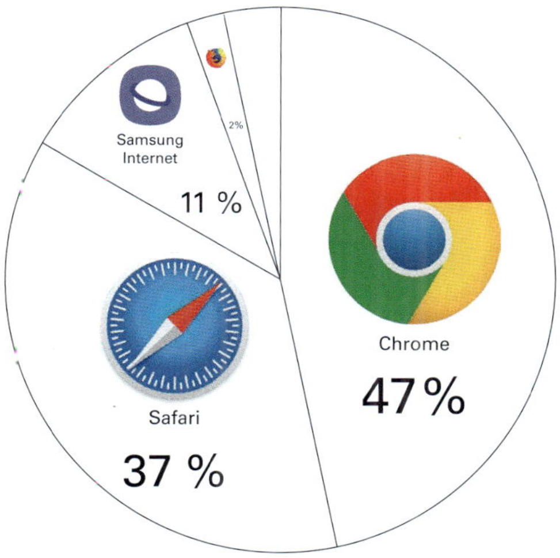

Quelle: gs.statcounter.com,
Stand: 11/2022

Can I use…?

Auf canisue.com können Sie testen, ob ein HTML5- oder CSS3-Element von allen Betriebssystemen unterstützt wird.

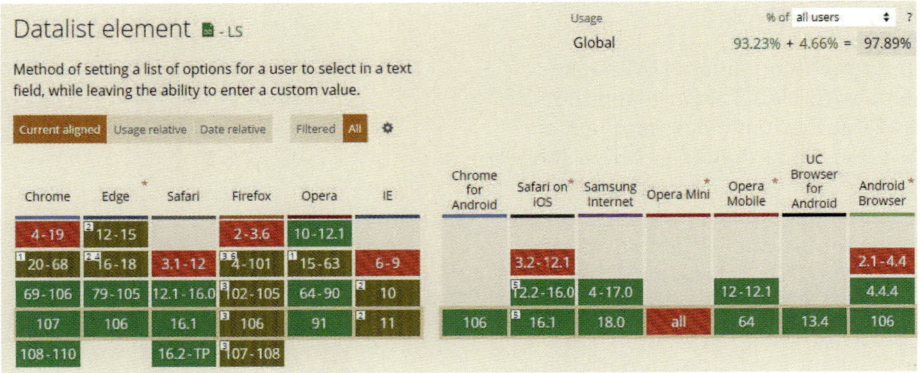

führt dazu, dass mit HTML5 und CSS3 neu eingeführte Elemente von älteren Browserversionen möglicherweise noch nicht unterstützt werden. Dies bedeutet, dass Sie auf diese Features entweder verzichten oder eine Alternative für diese Browser anbieten müssen – man spricht von *Browserweichen*, die sich z. B. mit CSS3 realisieren lassen.

Eine sehr gute Übersicht, welche Browserversion für eine bestimmte HTML5-Funktion erforderlich ist, bietet die Website caniuse.com (von „Can I use?“). Der Screenshot zeigt, dass das HTML5-Element `<datalist>` bei *Firefox* und dem *Internet Explorer* mit Einschränkungen und bei *Opera Mini* nicht funktioniert.

Als Webentwickler/-in bleibt es Ihnen also nicht erspart, Ihre Produkte mit den gängigsten Browsern zu testen. Im Internet finden Sie zahlreiche Anbieter, die das Testing einer Webseite mit unterschiedlichen Browsern ermöglichen. Geben Sie dazu in Google die Stichworte „cross browser testing“ ein.

2.10.2 Betriebssysteme

Auch wenn sich iDevices von Apple in der Medienbranche einer großen Beliebtheit erfreuen und weit verbreitet sind: Bedenken Sie, dass in Deutschland nur etwa 18 % aller Desktop-Betriebssysteme macOS verwenden (Stand: 2022). Auf Desktop-Geräten ist zu 77 % ein Betriebssystem von Windows installiert. Im Bereich der mobilen Betriebssysteme spielt Windows hingegen keine Rolle: Hier ist Android mit 57 % Marktführer, gefolgt von iOS (Apple) mit etwa 40 % und Samsung mit ca. 3 %.

Für Webentwickler/-innen folgt daraus: Ihre Webanwendung sollten Sie bei den Desktop-Geräten nicht nur am Mac, sondern auch auf Windows-Computer testen, außerdem auf Android-Smartphones sowie auf dem iPhone.

2.10.3 Making of …

Die gute Nachricht ist, dass die „Global Player“ der Branche HMTL und CSS als Standards akzeptieren und eine einheitliche Entwicklung vorantreiben.

Als Webentwickler/-in können Sie damit mehr und mehr davon ausgehen, dass Ihre Projekte wie gewünscht funktionieren werden. Voraussetzung hierfür ist allerdings, dass Ihre Webseiten in korrektem HTML und CSS realisiert sind – man bezeichnet sie dann als *valide* (gesichert, gültig).

Für die Standardisierung des Internets ist die Dachorganisation W3C zuständig. Für Auszeichnungssprachen wie HTML oder CSS existieren genaue Sprachregeln, die in Dokumenttyp-Definitionen (DTD) zusammengefasst werden. Ob Sie diese Regeln eingehalten haben – die Website also „valide" ist –, können Sie überprüfen:

1. Öffnen Sie die Seite validator.w3.org.
2. Wahlweise können Sie nun eine Internetadresse (URI) eingeben **A**, eine lokal gespeicherte HTML-Datei auswählen **B** oder den Quellcode direkt über die Zwischenablage einfügen **C**.
3. Klicken Sie auf *Check* **D**.
4. Die Rückmeldungen sind sehr aufschlussreich, im Beispiel wurde das schließende `</video>`-Element vergessen **E**.
5. Nehmen Sie Korrekturen im Quellcode vor.
6. Wiederholen Sie den Testvorgang, bis keine Fehlermeldungen mehr angezeigt werden **F** – Ihr Dokument ist nun valide.

Hinweis: Neben HTML- können Sie auch Ihre CSS-Dateien validieren lassen.

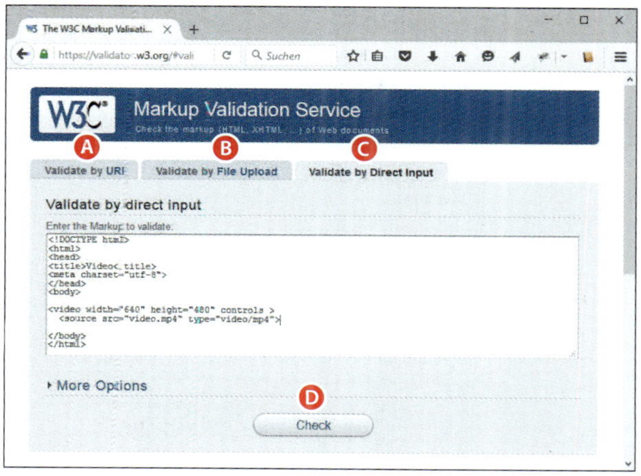

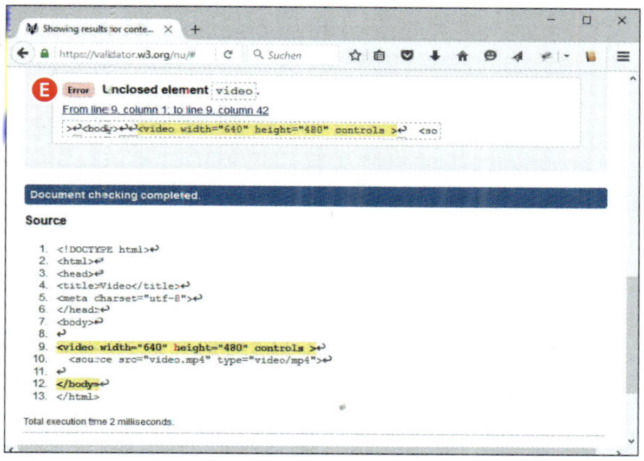

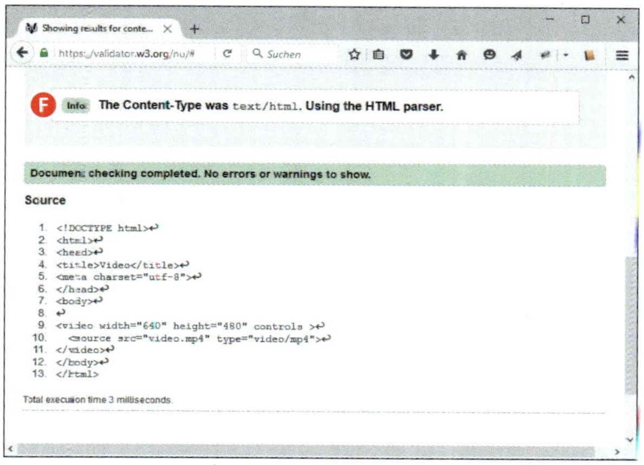

2.11 Aufgaben

1 HTML-Grundlagen kennen

Kreuzen Sie an: wahr oder falsch?

HTML-Grundlagen	w	f
HTML steht für Hypertext Media Language		
Hypertext bedeutet, dass Text nichtlinear verbunden werden kann.		
Die Struktur eines Tags ist: <tag>Inhalt<tag/>		
HTML-Dateien sind reine Textdateien.		
Ein WYSIWYG-Webeditor ermöglicht eine Vorschau auf die Webseiten.		
Eine HTML-Datei beginnt mit der Angabe des DOCTYPE.		
HTML-Dateien besitzen die Endung .htm oder .html		
Schriften können in HTML-Dateien eingebettet werden.		
Eine HTML-Datei besteht aus Dateikopf und Dateikörper.		
Meta-Tags sind im Browser unsichtbar.		

2 Aufbau einer HTML-Datei kennen

a. Vervollständigen Sie das Grundgerüst einer HTML-Datei.

<!doctype html>

</html>

b. Notieren Sie drei Grammatikregeln für HTML-Dateien.

1.

2.

3.

3 HTML-Grundlagen kennen

a. Wo erscheint der im `<title>` eingegebene Text?

b. Weshalb ist die Angabe des Zeichensatzes wichtig?

c. Notieren Sie das Wort „Fleißkärtchen" in maskierter Schreibweise.

d. Worauf ist bei der Vergabe von Dateinamen zu achten?

e. Notieren Sie drei nicht zulässige Dateinamen.

1.

2.

3.

4 Begriff „Semantik" verstehen

a. Erläutern Sie, was unter der *semantischen Struktur* einer Webseite zu verstehen ist.

b. Nennen Sie vier Beispiele für HTML-Elemente, die zur semantischen Beschreibung einer Webseite dienen.

1.

2.

3.

4.

5 Schriften verwenden

HTML kann keine Schriften einbinden.

a. Welche Schrift wird (ohne weitere Angaben in der HTML5-Datei) standardmäßig verwendet?

b. Weshalb sollten Sie keine Schriften verwenden, die auf externen Servern liegen?

6 Dateien korrekt benennen

a. Nennen Sie die beiden Endungen, die HTML-Dateien erhalten müssen.

oder

b. Erklären Sie, ob am Mac auf die Dateiendung verzichtet werden kann.

c. Windows unterscheidet bei Dateinamen die Groß- und Kleinschreibung nicht. Erklären Sie, weshalb diese dennoch beachtet werden muss.

d. Dürfen Sonderzeichen in Dateinamen verwendet werden? Begründen Sie.

e. Wie muss die Startseite (Homepage) benannt werden?

7 Meta-Tags verwenden

a. Wozu dienen Meta-Tags?

b. Wo werden Meta-Tags in der HTML-Datei notiert?

c. Wo werden Meta-Tags im Webbrowser angezeigt?

d. Nennen Sie drei Beispiele für Meta-Angaben.

1.

2.

3.

8 Hyperlinks verwenden

Geben Sie den Quellcode an, um folgende Links zu realisieren:

a. Link zur Startseite von Amazon

b. Link zur Datei „kontakt.htm", die sich im selben Verzeichnis befindet.

c. Link zur Datei „help.htm", die sich im Unterordner „sites" befindet.

d. E-Mail-Link zu „donald@duck.de"

e. Link zur PDF-Datei „text.pdf" im Unterordner „pdf".

f. Interner Link zu „seitenende"

9 Tabellen verwenden

Erstellen Sie eine HTML-Datei, die folgende Tabelle erzeugt:

High-Score		
Platz	Name	Punkte
1.	Daniel	7542
2.	Heike	6354
3.	Markus	4788

Hinweise:
Gehen Sie vor wie auf Seite 17 beschrieben. Die Linien wurden mit CSS ergänzt und dienen nur zur Veranschaulichung.

10 Bildformate für Webseiten kennen

a. Nennen Sie drei zulässige Dateiformate für Pixelbilder auf Webseiten.

1.

2.

3.

b. Nennen Sie zwei Technologien, mit denen Vektorgrafiken dynamisch erzeugt werden können.

1.

2.

c. Erläutern Sie einen wesentlichen Vorteil einer Vektorgrafik im Vergleich zum Pixelbild.

11 Bilder/Grafiken referenzieren

Der Screenshot zeigt die Dateistruktur einer Website.

a. Weshalb können Bilder bzw. Grafiken in die HTML-Datei nicht eingefügt werden?

b. Wie lauten die korrekten Pfadangaben im Tag <img src="…">?
- Grafik „button3.gif" in „index.htm"
- Grafik „button1.gif" in „index.htm"
- Grafik „button3.gif" in „news.htm"
- Grafik „button1.gif" in „news.htm"

12 Formulare entwerfen

a. Erklären Sie, weshalb die Benutzereingaben in Formularen ein einheitliches Format besitzen sollten.

b. Erklären Sie die Funktion des <label>-Tags in Formularen.

13 AV-Medien einbinden

a. Nennen Sie das HTML-Tag, mit dem sich ein Sound einbinden lässt.

b. Nennen Sie das HTML-Tag, mit dem sich ein Video einbinden lässt.

14 Webbrowser unterscheiden

Nennen Sie die drei zurzeit wichtigsten Browser für

a. Desktop-Computer:

1.

2.

3.

b. mobile Endgeräte:

1.

2.

3.

3.1 CSS-Basics

Kaskade

Vielleicht haben Sie sich schon gefragt, was *Cascading* in der Abkürzung CSS bedeutet. Eine Kaskade ist laut Duden ein mehrstufiger Wasserfall oder Brunnen. In unserem Fall besitzt das Wort eine übertragene Bedeutung und besagt, dass die Stylesheets „mehrstufig" angeordnet sein können: intern oder extern, zentral oder lokal, durch den Browser, Nutzer oder Autor der Webseite definiert. Um Konflikte zu vermeiden, gibt es Regeln, nach denen diese unterschiedlichen CSS nacheinander, also „kaskadiert", ausgeführt werden.
Ein wesentliches Merkmal der Kaskadierung von CSS ist, *wo* diese definiert werden. Hierbei stehen drei Möglichkeiten zur Verfügung:

- Externe CSS-Definition in einer eigenen Datei
- Zentrale CSS-Definition im Dateikopf
- Lokale CSS-Definition im HTML-Element

Bevor wir uns mit diesen drei Möglichkeiten beschäftigen, schauen wir uns den allgemeinen Aufbau einer CSS-Regel an.

Aufbau einer CSS-Regel

Allgemeine Definition

```
selektor {
          eigenschaft1: wert1;
          eigenschaft2: wert2;
          ...
         }
```

Beispiele

```
body     {
          background-color: white;
          margin: 20px;
         }
p        {
         font-family: Arial;
         font-size: 0.5em;
         font-weight: bold;
         }
```

Beispiele mit Kommentare

```
/* Hauptüberschriften in Rot */
h1       {
         font-family: Verdana;
         font-size: 1.5em;
         color: red;
         }

/* Links ohne Unterstreichung */
a        {
         text-decoration: none;
         }
```

3.1.1 CSS-Regel

Cascading Style Sheets bestehen aus einer oder mehreren CSS-Regeln. In der Tabelle rechts sehen Sie den allgemeinen Aufbau einer Regel. Sie beginnt mit einem sogenannten *Selektor*. Im einfachsten Fall handelt es sich dabei um ein HTML-Tag, das ohne spitze Klammer notiert wird, also z. B. `body` und nicht `<body>`. Ab Seite 48 lernen Sie weitere Selektoren kennen.

Alle CSS-Eigenschaften, die sich auf den Selektor beziehen, werden in geschweiften Klammern {...} nach dem Selektor notiert. Nach jeder Eigenschaft muss ein Doppelpunkt (`:`) und nach jedem Wert ein Semikolon (`;`) angegeben werden. Zwischen Doppelpunkt und Wert *kann* ein Leerzeichen stehen. Zwischen Wert und Einheit darf *kein* Leerzeichen stehen.

Die Einrückungen und Zeilenumbrüche sind nicht erforderlich und dienen lediglich der besseren Lesbarkeit. Ebenso nicht zwingend, aber sinnvoll sind Kommentare `/* ... */` innerhalb von CSS-Dateien. Sie helfen Ihnen dabei, Ihre Stylesheets nachvollziehen zu können. Häufig ist es so, dass nach einigen Wochen oder Monaten Änderungen notwendig sind. Dann werden Sie für die Kommentare dankbar sein.

P. Bühler et al., *HTML und CSS*, Bibliothek der Mediengestaltung,
https://doi.org/10.1007/978-3-662-66663-0_3

3.1.2 Externe CSS

Bei der externen Definition werden alle gewünschten CSS-Selektoren, Eigenschaften und Werte in einer separaten Datei gespeichert. Wie bei einer HTML-Datei handelt es sich auch bei CSS um reine Textdateien, die Sie mit jedem Texteditor erstellen können.

Dateinamen
Der Dateiname *muss* die Endung *.css* erhalten. Außerdem gelten für Dateinamen die auf Seite 11 beschriebenen Regeln für HTML:

- Beachten Sie, dass auf Linux-Webservern Groß- und Kleinbuchstaben unterschieden werden – eine Datei *layout.css* ist nicht identisch mit einer Datei *Layout.css*. Tipp: Verwenden Sie grundsätzlich nur Kleinbuchstaben.
- Verzichten Sie auf Umlaute (ä, ö, ü, ß), auf Sonderzeichen (z. B. /, ?, ^) und auf Leerzeichen.

Einbinden der CSS-Datei
Damit eine CSS-Datei genutzt werden kann, muss sie mit der HTML-Datei verknüpft werden. Hierfür können Sie wahlweise das HTML-Element `<link>` oder die CSS-Direktive `@import` verwenden:

- `<link>`
  Das HTML-Element `<link>` muss im Dateikopf `<head>` platziert werden. Durch die Eigenschaft `rel` (relation) teilen Sie dem Browser mit, dass eine Stylesheet-Datei verknüpft wird. Über `href` geben Sie den relativen Pfad sowie den Namen der CSS-Datei an. Beachten Sie hierbei die auf Seite 19 beschriebenen Regeln.
- `@import`
  Um das CSS-Element `@import` zu verwenden, muss es sich ebenfalls im Dateikopf `<head>` befinden, allerdings in einem Stylesheet-Bereich `<style>...</style>`. Die Angabe des relativen Dateipfads bzw. Namens erfolgt hier durch die CSS-Eigenschaft `URL` (für Uniform Resource Locator). Da es sich bei `@import` um ein CSS-Element handelt, kann es auch in CSS-Dateien verwendet werden: Sie könnten also über `@import` in einer CSS-Datei eine weitere CSS-Datei einbinden.

CSS-Datei einbinden

<link>-Element

```
<!doctype html>
<html>
  <head>
  <link rel="stylesheet"
   href="styles.css">
  </head>
...
```

@import-Direktive

```
<!doctype html>
<html>
  <head>
  <style>
     @import url("styles.css");
  </style>
  </head>
...
```

Vorteile externer CSS
Der Hauptvorteil von CSS-Dateien liegt darin, dass sie für beliebig viele HTML-Dokumente zur Verfügung stehen. So lässt sich mit einer einzigen CSS-Datei ein kompletter Internetauftritt formatieren oder nachträglich ändern. Dies funktioniert auch bei dynamischen, also durch Skripte automatisch generierten HTML-Seiten, da auch hier lediglich die vorhandene CSS-Datei über `<link>` oder `@import` eingebunden werden muss.

3.1.3 Zentrale CSS

Nehmen Sie einmal an, dass Sie Ihren Webauftritt wie oben beschrieben mit einer externen CSS-Datei formatieren. Jetzt gibt es aber möglicherweise einzelne Seiten, die Sie an einigen Stellen gerne anders formatieren würden. Hierfür könnten Sie für diese Seite eine zweite externe Datei realisieren. Eine weitere Möglichkeit besteht darin, die ursprüngliche externe Datei beizubehalten und die Änderungen in der HTML-Datei selbst vorzunehmen. Hierzu können Sie CSS-Regeln direkt im Dateikopf angeben. Diese zentral formulierten Regeln haben eine höhere Priorität als externe CSS: Würden Sie in der CSS-Datei die Schriftfarbe auf Blau setzen und den zentralen CSS die Schriftfarbe auf Rot, dann würde die Schrift in Rot angezeigt.

Zentrale CSS

Allgemeine Definition

```
<!doctype html>
<html>
  <head>
    <style>
      selektor {
               eigenschaft1: wert1;
               eigenschaft2: wert2;
               ...
               }
    </style>
  </head>
...
```

Beispiel

```
<!doctype html>
<html>
  <head>
    <style>
      body  {
            background-color: white;
            }
      p     {
            font-family: Arial;
            font-size: 0.5em;
            }
    </style>
  </head>
...
```

3.1.4 Lokale CSS

Noch mehr Flexibilität bieten CSS, die direkt „vor Ort“ im HTML-Element angegeben werden – sogenannte *Inline-Styles*. Der Unterschied zu externen oder zentral definierten CSS-Regeln besteht darin, dass die gewünschten CSS-Eigenschaften und -Werte mit Hilfe des `style`-Attributes direkt im HTML-Element notiert werden. Beachten Sie hierbei, dass alle Eigenschaften in Anführungszeichen stehen und durch Strichpunkt getrennt werden.

<span> und <div>
Ausschließlich zur Definition von lokalen CSS dienen die HTML-Elemente `<span>` und `<div>`: Bei `<span>` handelt es sich um ein sogenanntes *Inline-Element*, das innerhalb anderer HTML-Elemente eingesetzt wird. Das `<div>`-*Blockelement* hingegen ersetzt andere Elemente und erzeugt einen Kasten, der mit CSS gestaltet werden kann (siehe Kapitel 3.7 ab Seite 65).

Lokale CSS

Allgemeine Definition

```
<tag style="eigenschaft1: wert1;
eigenschaft2: wert2;...">...</tag>
```

Beispiele

```
<p style="font-family: Arial; color:
gray">Die Schrift ist grau, aber hier
ist sie <span style="color:red">rot
</span>.</p>

<div style="background-color:gray;
font-family: Arial; color:white">Dieser
Kasten ist grau, die Schrift weiß!
</div>
```

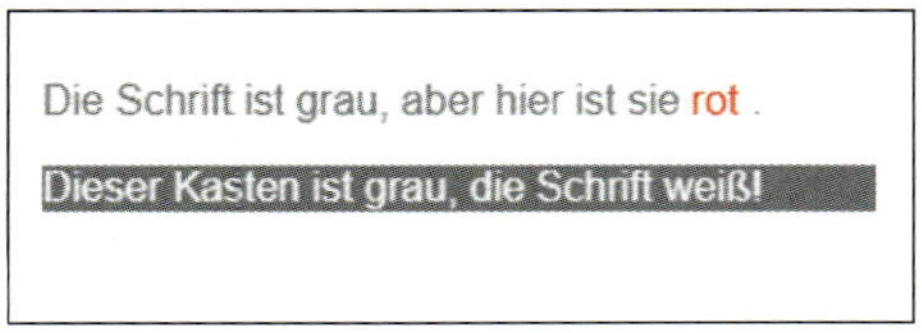

Lokale CSS-Definitionen haben eine noch höhere Priorität als zentrale oder externe CSS, so dass sich eine dreistufige Kaskade ergibt: Lokale CSS vor zentralen CSS vor externen CSS. Diesen Zusammenhang schauen wir uns jetzt in einer ersten Übung an.

3.1.5 Making of ...

1 Öffnen Sie in einem HTML-Editor, z. B. *Adobe Brackets*, eine neue, noch leere Datei und speichern Sie die Datei unter dem Namen *index.html* ab.

2 Geben Sie den in der Grafik unten gezeigten Quellcode ein, zunächst noch *ohne* die grün markierten Zeilen.

3 Öffnen Sie eine zweite, noch leere Datei und speichern Sie die Datei unter dem Namen *farbe.css* ab.

4 Geben Sie die Zeile zur Formatierung der Überschrift in der Datei *farbe.css* ein.

5 Testen Sie Ihre Lösung im Browser. Wird die Schrift in Rot angezeigt?

6 Ergänzen Sie die zentrale CSS-Regel im Dateikopf der Datei *index.html*.

7 Testen Sie Ihre Lösung im Browser. Wird die Schrift nun in Blau angezeigt?

8 Ergänzen Sie die lokale CSS-Regel im <h1>-Element der Datei *index.html*.

9 Testen Sie Ihre Lösung im Browser. Wird die Schrift nun in Grün angezeigt?

Das Beispiel zeigt die Funktionsweise der Kaskade: Bei widersprüchlichen (Farb-)Angaben haben lokal formulierte CSS die höchste Priorität und extern formulierte die geringste.

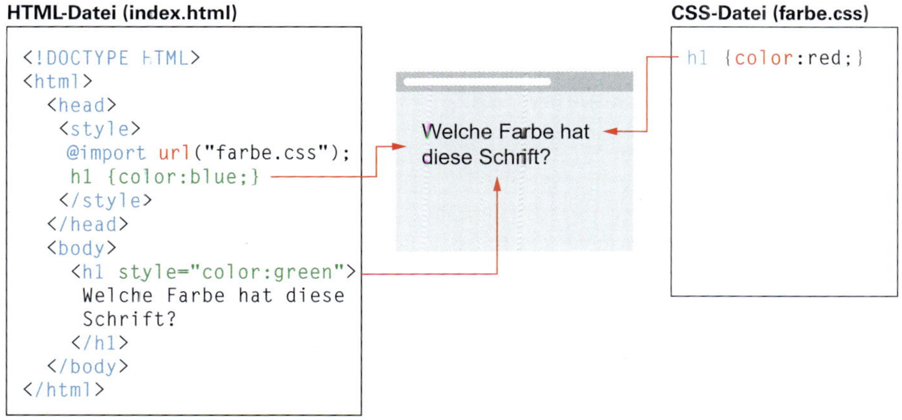

3.2 Selektoren

Auf Seite 44 haben Sie den allgemeinen Aufbau einer CSS-Regel kennengelernt:

Aufbau einer CSS3-Regel

```
selektor {
         eigenschaft1: wert1;
         eigenschaft2: wert2;
         ...
         }
```

Der Selektor befindet sich immer vor einer geschweiften Klammer und gibt das Element an, auf das sich die CSS-Eigenschaft(en) beziehen.

CSS stellt unterschiedliche Typen von Selektoren bereit, die sich auch miteinander kombinieren lassen. Hierdurch wird ein sehr flexibler Einsatz der Stylesheets möglich.

3.2.1 Universalselektor

Mit Hilfe eines Universalselektors (*) können Sie CSS-Eigenschaften definieren, die für *alle* HTML5-Elemente gelten sollen. Sie sparen sich hierdurch einige Schreibarbeit.

Im Beispiel wird allen Elementen eine weiße Hintergrundfarbe, graue Vordergrundfarbe sowie die Schriftart „Arial" zugewiesen.

Universalselektor

Allgemeine Definition

```
*    {
     Eigenschaft1: Wert1;
     Eigenschaft2: Wert2;
     ...
     }
```

Beispiel

```
*    {
     background-color: white;
     color: gray;
     font-family: Arial;
     }
```

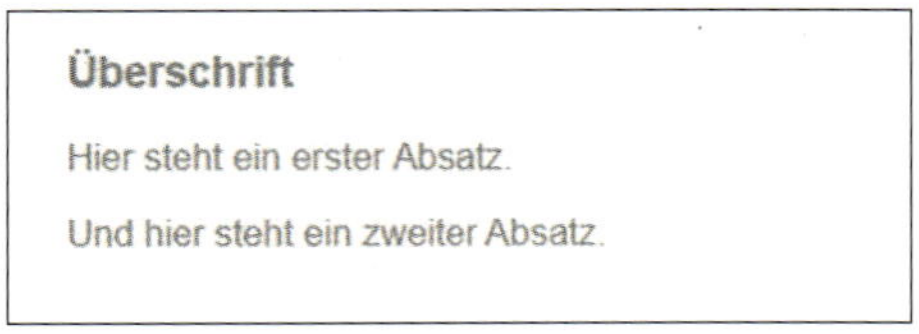

3.2.2 HTML-Elemente

Die Verwendung von HTML-Elementen als Selektoren haben Sie bereits kennengelernt. Beachten Sie, dass in diesem Fall die spitzen Klammern weggelassen werden müssen.

Im Beispiel werden die Überschriften <h1> rot und die Absätze <p> in Grau dargestellt. Die Einheit em ist relativ und bezieht sich auf die im Browser eingestellte Schriftgröße. In diesem Fall werden die Überschriften doppelt so groß und die Absätze gleich groß wie

HTML-Elemente (Tags)

Allgemeine Definition

```
tag {
     eigenschaft1: wert1;
     eigenschaft2: wert2;
     ...
    }
```

Beispiel

```
h1  {
     color: red;
     font-size: 2.0em;
    }
p   {
     color: gray;
     font-size: 1.0em;
    }
```

die Grundschrift angezeigt. Diese relativen Angaben sind erwünscht, damit die Nutzerinnen und Nutzer die Schriftgrößen selbst bestimmen können.

Vielleicht fragen Sie sich, was passiert, wenn zusätzlich der Universalselektor – z. B. mit grauer Textfarbe – definiert wurde. In diesem Fall überschreiben die CSS-Eigenschaften der HTML-Elemente die des Universalselektors – auch hierbei handelt es sich um einen Kaskade.

3.2.3 Klassen

Die wenigen HTML-Elemente reichen zur Spezifikation von CSS-Eigenschaften nicht aus. So lassen sich beispielsweise mit einem einzigen <p>-Element keine *unterschiedlichen* Absätze realisieren. Um dies zu ermöglichen, können Sie eigene Selektoren-Klassen definieren. Eine Klasse muss mit einem Punkt (`.`) beginnen. Danach folgt ein beliebiger Name. Einzige Einschränkung ist, dass der Name nicht mit einer Ziffer beginnen darf. Eine Klasse kann in jedem beliebigen HTML-Element mit Hilfe des Schlüsselworts `class` aufgerufen werden.

Um den Gültigkeitsbereich einer Klasse auf ein bestimmtes HTML-Element einzugrenzen, wird dieses Element vor den Punkt geschrieben. Im Beispiel überschreibt die mit dem Absatz <p> verbundene Klasse die Klassendefinition darüber.

Klassen

Allgemeine Definition

```
.meine_klasse {
              eigenschaft1: wert1;
              eigenschaft2: wert2;
              ...
              }
```

Aufruf der Klasse

```
<tag class="meine_klasse">...</tag>
```

Beispiel

```
<!doctype html>
<html>
  <head>
   <style>
      *     {font-family: Arial;}
      .rot  {color: red;}
      .blau {color: blue;}
      .gruen{color: green;}
   </style>
  </head>
  <body>
    <h3 class="rot">Überschrift</h3>
    <p class="blau">Hier steht ein
    erster Absatz</p>
    <p class="gruen">Hier steht ein
    zweiter Absatz</p>
 </body>
</html>
```

Überschrift

Hier steht ein erster Absatz

Hier steht ein zweiter Absatz

Kombination von Klassen mit HTML-Elementen

Allgemeine Definition

```
tag.meine_klasse {
                 eigenschaft1: wert1;
                 eigenschaft2: wert2;
                 ...
                 }
```

Aufruf der Klasse

```
<tag class="meine_klasse">...</tag>
```

Beispiel

```
<style>
    .farbe  {color: red;}
    p.farbe {color: blue;}
</style>
...
<h3 class="farbe">Überschrift</h3>
<p class="farbe">Hier steht ein
 erster Absatz</p>
...
```

3.2.4 Individualformate

Maximale Flexibilität ermöglichen – wie der Name ausdrückt – Individualformate. Sie unterscheiden sich in ihrer Definition von Klassen dadurch, dass sie nicht durch den Punkt-, sondern durch den Rauten-Operator (#) definiert werden. Individualformate sind dafür gedacht, dass sie nur einmal verwendet werden. Der Aufruf im HTML-Element erfolgt durch das `id`-Attribut.
Wie bei Klassen können auch Individualformate auf ein bestimmtes HTML-Element beschränkt werden. Im Beispiel bleibt das Individualformat `#blau` im ersten Absatz ohne Auswirkung, weil es bei der Definition auf das `<span>`-Elemente begrenzt wurde.

Individualformate

Allgemeine Definition

```
#mein_id {
        eigenschaft1: wert1;
        eigenschaft2: wert2;
        ...
        }
```

Aufruf des Individualformats

```
<tag id="mein_id">...</tag>
```

Beispiel

```
<!doctype html>
<html>
  <head>
    <style>
      *          {font-family: Arial;}
      #rot       {color: red;}
      span#blau  {color: blue;}
    </style>
  </head>
  <body>
     <h3 id="rot">Überschrift</h3>
     <p id="blau">Hier steht ein
      erster Absatz.</p>
     <p>Hier steht ein <span id="blau">
      zweiter</span> Absatz</p>
  </body>
</html>
```

Überschrift

Hier steht ein erster Absatz.

Hier steht ein zweiter Absatz

3.2.5 Pseudoklassen und -elemente

Pseudoklassen oder -elemente werden üblicherweise mit HTML-Elementen kombiniert. Bei Pseudoklassen erfolgt die Verbindung mit dem HTML-Element durch einen Doppelpunkt (`:`), bei Pseudoelementen durch zwei Doppelpunkte (`::`). In der Tabelle finden Sie eine unvollständige Liste mit Pseudoklassen und -elementen. Wer sich näher mit diesem Thema auseinandersetzen will, wird unter w3schools.com/cssref/css_selectors.asp fündig.

Im Beispiel rechts werden drei Pseudoklassen für Hyperlinks definiert. Unbesuchte Links (`:link`) werden blau, ausgewählte Links (`:focus`) rot und

Pseudoklassen und -elemente

Pseudoklassen	
`:link`	unbesuchter Link
`:visited`	besuchter Link
`:hover`	mit Maus berührter Link (sogenannter „Mouseover")
`:active`	aktuell angeklickter Link
`:focus`	ausgewähltes Element, z. B. Formularfeld
`:nth-of-type(n)`	n-tes Vorkommmen eines HTML-Elements. Das n in der Klammer kann eine Ziffer, eine Funktion (z.B. 2n) oder ein Schlüsselwort (even für gerade, odd für ungerade) sein.
Pseudoelemente	
`::first-line`	erste Zeile
`::first-letter`	erster Buchstabe
`::before`	Einfügen vor dem Element, `content` gibt den Inhalt an.
`::after`	Einfügen nach dem Element, `content` gibt den Inhalt an.

gerade mit der Maus berührte Links werden (:hover) werden grün dargestellt.

Für die Zeilen der Tabelle sind zwei Pseudoelemente vorgesehen: Alle Zeilen mit gerader Zeilennummer (even) werden grau hinterlegt, die ungeraden Zeilennummern (odd) werden schwarz mit weißer Schrift dargestellt.

Pseudoklassen und -elemente

Beispiel

```
<!doctype html>
<html>
  <head>
    <style>
      *          {font-family: Arial;}
      a          {color: white;}
      a:link     {background-color: blue;}
      a:focus    {background-color: red;}
      a:hover    {background-color: green;}
      tr:nth-of-type(even){background-
                  color: lightgray;
                  color: black;}
      tr:nth-of-type(odd){background-
                  color: black;
                  color: white}
    </style>
  </head>
  <body>
    <a href="...">1. Link</a>
    <a href="...">2. Link</a>
    <a href="...">3. Link</a><br><br>
    <table>
      <tr><td>1. Zeile</td></tr>
      <tr><td>2. Zeile </td></tr>
      <tr><td>3. Zeile </td></tr>
      <tr><td>4. Zeile </td></tr>
    </table>
  </body>
</html>
```

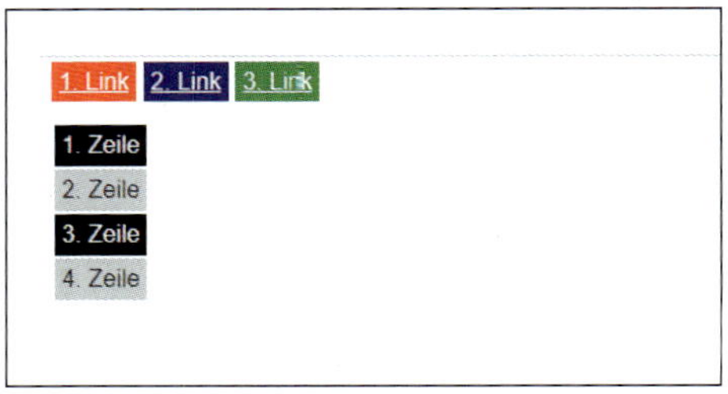

3.2.6 Vererbung

Das Prinzip der Vererbung besagt, dass CSS-Eigenschaften übergeordneter Eltern- oder parent-Elemente an untergeordnete Kind- oder child-Elemente weitergegeben werden.

Im Beispiel vererbt das parent-Element <body> die Hintergrund- und Textfarbe sowie die Schrift an alle child-Elemente. Im <header> und <footer> wird die Hintergrundfarbe neu definiert und überschreibt damit das parent-Element.

Vererbung

Beispiel

```
<!doctype html>
<html>
 <head>
   <style>
     body     {background-color: gray;
               color: white;
               font-family: Arial}
     header   {background-color: blue;}
     footer   {background-color: red;}
   </style>
  </head>
  <body>
    <header>Kopfbereich</header>
    <article>1. Textbeitrag</article>
    <article>2. Textbeitrag</article>
    <footer>Fußbereich</footer>
 </body>
</html>
```

3.2.7 Kombinierte Selektoren

Die Kombination von Klassen, Individualformaten und Pseudoklassen/-elementen mit HTML-Elementen haben Sie bereits kennengelernt. CSS bietet weitere Möglichkeiten, wie Sie Selektoren miteinander kombinieren können. Im Beispiel unten wird der graue Hintergrund auf die Elemente `<header>` und `<footer>` übertragen. Einen roten Hintergrund erhält hingegen nur der Absatz `<p>`, der Kind-Element von `<article>` ist. Der zweite Absatz ist Kind-Element von `<div>` und würde daher nur rot hinterlegt, wenn zwischen `article` und `p` kein Größer-Zeichen (>) stünde.

Kombination einfacher Selektoren

Allgemeine Definition

Aufzählung gleichberechtigter Selektoren

```
element1, element2  {...}
```

Beschränkung auf `element2` innerhalb von `element1`

```
element1 element2   {...}
```

Beschränkung auf `element2` als Kind von `element1`

```
element1 > element2   {...}
```

Beispiel

```
<!doctype html>
<html>
 <head>
  <style>
       *      {font-family: Arial;}
       header,footer {
              background-color: gray;}
       article > p   {
              color: white;
              background-color: red;}
  </style>
 </head>
 <body>
  <header><p>Kopfbereich<p></header>
  <article><p>Mein Textbeitrag</p>
    <div><p>Hier noch mehr Text.</p>
    </div>
  </article>
  <footer><p>Fußbereich</p></footer>
 </body>
</html>
```

Kopfbereich
Mein Textbeitrag
Hier noch mehr Text.
Fußbereich

3.2.8 Rangfolge und Spezifität

Autoren-, Benutzer- und Browser-Stylesheets

In den vergangenen Abschnitten haben Sie die Möglichkeiten kennengelernt, die Sie als Autor/in einer Website zur Definition von CSS-Selektoren haben. Sie werden deshalb auch als *Autoren-Stylesheets* bezeichnet.

Jeder Browser zeigt HTML-Seiten an – auch wenn kein Stylesheet definiert ist. Er verwendet hierzu voreingestellte *Browser-Stylesheets*, die allen HTML-Elementen bestimmte Grundeigenschaften und Werte zuordnen.

Die dritte Möglichkeit besteht darin, dass der Anwender im Browser eigene Einstellungen vornimmt. Durch diese *Benutzer-Stylesheets* wird es beispielsweise möglich, die Schriftgröße an das Display oder die Lesegewohnheiten anzupassen.

Welche Stylesheets werden verwendet, wenn sich die Autoren-, Benutzer- und Browser-Stylesheets widersprechen?

Rangfolge

Autoren- werden vor Benutzer- und diese werden vor Browser-Stylesheets berücksichtigt.

Wenn also der Nutzer die Grundschrift vergrößern möchte, der Webdesigner aber 12 px definiert, dann würde diese auch in 12 px Größe dargestellt. Diese Tatsache ist unbefriedigend, denn der Nutzer möchte die Schrift nicht grund-

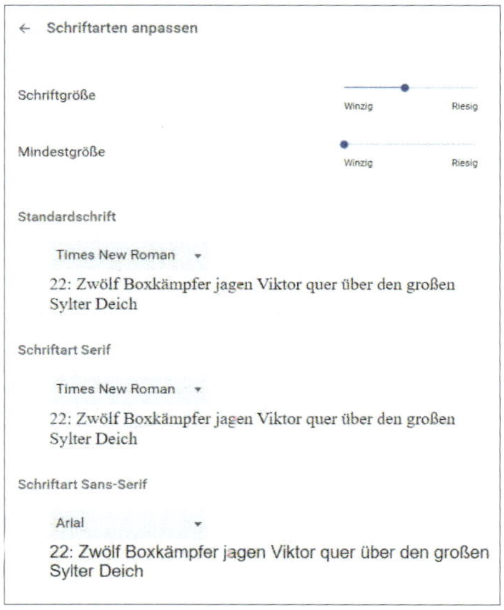

Standardschrift des Browsers (Google Chrome)

los vergrößern, sondern weil er nicht mehr so gut sieht.

Das Beispiel verdeutlicht, weshalb Sie beim Webdesign nicht mit absoluten Einheiten (px), sondern mit relativen Einheiten arbeiten sollten, die sich auf die Grundschriftgröße (z. B. em) beziehen (siehe Seite 55).

!important-Deklaration

Es gibt auch Fälle, in denen Sie ein bestimmtes Stylesheet erzwingen möchten. Um dies zu erreichen, deklarieren Sie dieses Stylesheet als `!important`.

!important

Beispiel

```
<!doctype html>
<html>
  <head>
   <style>
     p {font-size: Georgia; !important}
     p {font-family: Arial;}
      }
   </style>
...
```

Im Beispiel werden Absätze durch die Zusatzangabe `!important` in der Schriftart „Georgia" angezeigt. Ohne die Angabe würden sie in der „Arial" angezeigt, weil diese Angabe unterhalb steht und somit die erste Schriftvorgabe überschreiben würde.

Spezifität von Selektoren

Abschließend muss geklärt werden, in welcher Reihenfolge die unterschiedlichen und sich möglicherweise widersprechenden Selektoren berücksichtigt werden. Betrachten Sie hierzu das Beispiel: Welche Farbe hat der Absatz, wenn für

- Universalformat weiß,
- HTML5-Element blau,
- Individualformat (`id`) orange,
- Klasse (`class`) grün und
- lokales Stylesheet rot

zugewiesen wurde? Probieren Sie es aus – der Absatz erscheint rot.

Dies ist nicht selbsterklärend, sondern wurde von den CSS-Entwicklern so festgelegt und als *Spezifität* bezeichnet. Die Spezifität legt die Reihenfolge fest, in der die verschiedenen Selektoren berücksichtigt werden. Hierzu gibt es vier Gruppen von A bis D, wobei Gruppe A die höchste und Gruppe D die niedrigste Spezifität zugeordnet ist (siehe Tabelle auf der nächsten Seite). Es gilt also: A überschreibt B, B überschreibt C, C überschreibt D. Bei kombinierten Selektoren brauchen Sie also nur die Spezifitäten zu kombinieren, wie die Beispiele in der Tabelle zeigen.

Die vier Ziffern ergeben zusammen eine vierstellige Zahl, und je größer diese Zahl ist, umso höher ist die Spezifität des Stylesheets. Sie verstehen nun, weshalb das obige Beispiel die Farbe Rot ergibt.

Das zweite Beispiel auf der nächsten Seite zeigt, dass sich nun fast beliebig

Selektor(kombination)	A	B	C	D	Beispiel
Einfache Selektoren					
Universalelement	0	0	0	0	* {...}
HTML5-Element	0	0	0	1	body {...}
Klasse oder Pseudoklasse	0	0	1	0	.rot {...}
Individualformat	0	1	0	0	#blau {...}
Lokale style-Definition	1	0	0	0	<p style="...">...</p>
Kombinierte Selektoren (Beispiele)					
HTML-Element:Pseudoklasse	0	0	1	1	a:hover {...}
HTML-Element HTML-Element	0	0	0	2	article p {...}
Individualformat HTML-Element	0	1	0	1	#blau p {...}
Individualformat HTML-Element:Pseudoklasse	0	1	1	1	#rot a:hover {...}

viele Kombinationsmöglichkeiten ergeben und man Gefahr läuft, den Überblick zu verlieren. Wichtig ist, dass Sie „Ihre“ Stylesheets von Anfang an gut strukturieren und dokumentieren.

Spezifität
Beispiel

```
<!doctype html>
<html>
  <head>
    <style>
      *             {font-family:Arial;}
      p             {color: blue;}
      p.farbe       {color: orange;}
      p > span      {color: red;}
      p #farbe      {color: gray;}
      p #farbe span{color: maroon;}
   </style>
  </head>
  <body>
   <h3>Welche Farbe?</h3>
   <p>Ein blauer Absatz mit etwas
   <span>rot</span>.</p>
   <p class="farbe">Ein oranger Absatz
    mit etwas <span style="color:
    green">grün</span>.</p>
   <p><span id="farbe">Ein grauer
    Absatz mit etwas <span>braun
   </span>.</span></p>
  </body>
</html>
```

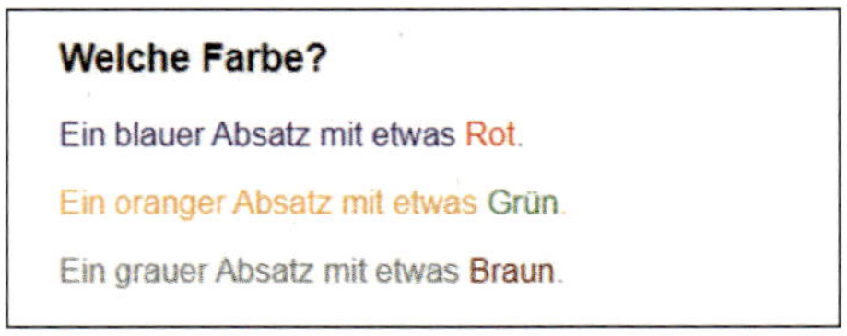

3.2.9 Making of ...

1 Laden Sie – falls noch nicht erfolgt – den Ordner *making_of.zip* von bi-me.de und entpacken Sie ihn.

2 Öffnen Sie im HTML-Editor die Datei *selektoren.html*.

3 Ergänzen Sie alle Stylesheets, so dass der Text formatiert wird:
- Headline: Schrift: Arial, Schriftgröße: 2.0em, Farbe: lightblue
- Text: Schrift: Arial, Schriftgröße: 1.0em, Farbe: black
- Farbige Wörter: tomato
- Letzte Zeile: italic

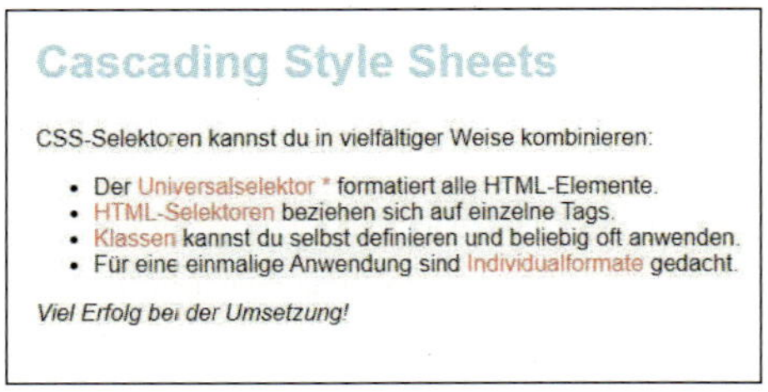

4 Testen Sie Ihre Lösung im Browser. Nehmen Sie ggf. Korrekturen vor.

5 Vergleichen Sie Ihre Lösung mit der Musterlösung *(loesungen.zip)*.

3.3 Maßeinheiten

Die Vielzahl unterschiedlicher Maßeinheiten bei CSS ist zunächst verwirrend. Wenn Sie allerdings bedenken, dass Sie mit CSS nicht nur Webseiten, sondern auch deren „Druckversion“ formatieren, haben auch Längenangaben wie `cm` oder Inch (`in`) ihre Berechtigung.

Absolute Maßeinheiten

Absolute Maßeinheiten sind feste Größen mit Einheiten, die Sie aus dem Printbereich kennen: Millimeter, Zentimeter, Punkt, Pica. Sie ergeben am Bildschirm keinen Sinn, bieten sich jedoch an, wenn Sie Stylesheets für den Ausdruck einer Website formatieren.

Relative Maßeinheiten

Relative Maßeinheiten besitzen keine festen Größen, sondern beziehen sich immer auf eine (variable) Voreinstellung. Beispiele sind die aus der Typografie bekannten Höhenangaben der Buchstaben M oder x. Bei CSS werden diese als `em` bzw. `ex` gekennzeichnet. Die Angabe `1.5em`[1] bezeichnet die 1,5-fache M-Höhe der im Browser eingestellten Grundschrift.

Eine weitere wichtige relative Maßeinheit ist die Prozentangabe. Sie bezieht sich auf das übergeordnete Element oder auf die Größe des Browserfensters. Bei Verkleinerung des Fensters verkleinert sich ein mittels Prozent definiertes Layout dementsprechend auch.

Bei der Angabe in Pixel (`px`) handelt es sich weder um eine echte absolute noch um eine echte relative Angabe. Denn die Anzahl an Pixeln hängt von der auf dem Display eingestellten Auflösung ab, ist also relativ in Bezug auf die Displaygröße.

Fluides Layout

Bereits heute geht die überwiegende Anzahl der Nutzer mit mobilen Endgeräten ins Internet. Diese gibt es – vom Smartphone über Tablets bis zu Laptops – in allen möglichen Größen. Für Webdesign gilt deshalb heute folgende Grundforderung:

Fluides (fließendes) Layout

Nur durch relative Maßeinheiten wird es möglich, das Layout einer Website an die unterschiedlichen Displaygrößen der Endgeräte anzupassen.

Denn mit absoluten Angaben, und dies gilt auch für Angaben in Pixel (px), lässt sich ein Layout nur an *eine* Displaygröße optimal anpassen.

Ein weiteres Argument für relative Angaben ist ihre Benutzerfreundlichkeit (Usability). Insbesondere bei *barrierefreien* Seiten, die auch Menschen mit Einschränkungen einen Zugang gewähren, muss es dem Nutzer oder der Nutzerin möglich sein, sich die Darstellung nach Wunsch anzupassen.

Absolute Maßeinheiten			Relative Maßeinheiten		
Einheit	Bedeutung	Beispiel	Einheit	Bedeutung	Beispiel
`px`	Pixel, absolute Anzahl der Bildpunkte eines Endgeräts	`width:100px;`	`px`	Pixel ist (auch) relativ, da die Pixeldichte der Endgeräte variiert.	`top:50px;` `bottom:100px;`
`mm`	Millimeter	`height:20mm;`	`em`	M-Höhe, Bezug: Browser-Schriftgröße	`font-size:1.2em`
`cm`	Zentimeter	`margin:1cm;`	`ex`	x-Höhe, Bezug zu Kleinbuchstaben	`font-size:0.8ex`
`pt`	Punkt (= 0,3528 mm)	`line-height:12pt;`	`%`	Prozent, Bezug zum Elternelement	`width:50%;`
`pc`	Pica (= 12 pt)	`font-size:1pc;`	`vw`	proz. Anteil an Breite des Viewports	`div:50vw;`
`in`	Inch (= 2,54 cm)	`padding:0.5in`	`vh`	proz. Anteil an Höhe des Viewports	`margin:5vh;`

1 Beachten Sie, dass Kommazahlen mit Dezimalpunkt (.) notiert werden müssen!

3.4 Farben

3.4.1 Hexadezimale Angaben

Die Angabe von Farben in hexadezimaler Schreibweise erfolgt bei CSS durch das #-Zeichen, gefolgt von drei mal zwei Hexadezimalziffern für den Rot-, Grün- und Blauanteil der Farbe:

Hexadezimale Farbdefinition

#xxxxxx

Rotanteil | Grünanteil | Blauanteil

Mit einer zweistelligen Hexadezimalzahl (xx) pro Farbkanal lassen sich von 00 bis FF insgesamt 256 unterschiedliche Farben darstellen. Zusammen bildet die sechsstellige Hexadezimalzahl also den kompletten RGB-Farbraum von 256 x 256 x 256 = 16,7 Millionen Farben ab. Die Mischfarbe ergibt sich nach den Gesetzmäßigkeiten der additiven Farbmischung. Beispiele:

- #FF0000 Rot
- #FFFFFF Weiß
- #FFFF00 Gelb

Der Vorteil der hexadezimalen Schreibweise ist, dass Sie eine Farbangabe aus Photoshop oder Illustrator (A) kopieren und an der entsprechenden Stelle im Quellcode einfügen können. Die Buchstaben A bis E des Hexadezimalcodes können Sie wahlweise groß oder klein schreiben.

Farben aus Photoshop oder Illustrator

Hexadezimale Farbangaben können Sie aus dem Farbwähler direkt entnehmen (A).

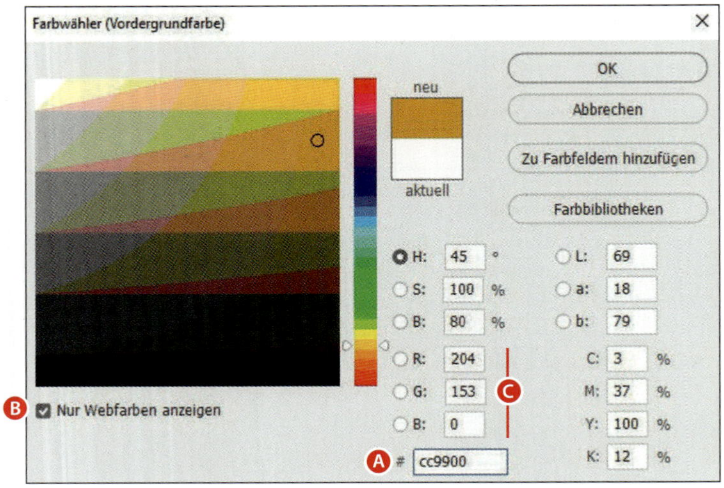

„Websichere" Farben

Zur verbindlichen Darstellung von Farben auf unterschiedlichen Rechnern und Betriebssystemen wurde ursprünglich eine Auswahl von 216 Farben als „websichere" Farben definiert. Hierzu setzen Sie im Farbwähler das Häkchen bei *Nur Webfarben anzeigen* (B).

Um eine websichere Farbe zu erhalten, dürfen pro Farbkanal die Hexadezimalzahlen 0, 3, 6, 9, C und F immer nur paarweise verwendet werden. Dies ergibt 6 x 6 x 6 = 216 Farben. Beispiele:

- Schwarz: #000000
- Weiß: #FFFFFF
- Blau: #0000FF
- Gelb: #FFFF00
- Grau: #999999

Heute haben websichere Farben aus technischer Sicht keine Bedeutung mehr. Um Farbabstände und -harmonien zu finden, kann es jedoch hilfreich sein, den großen RGB-Farbraum auf einige wenige Farben einzuschränken.

3.4.2 Dezimale Angaben

Eine zweite Möglichkeit der Farbangabe besteht darin, den Rot-, Grün- und Blauanteil als Dezimalzahl anzugeben. Die „xxx" stehen in diesem Fall für dezimale Farbwerte. Sie können wahlweise als Zahlen von 0 bis 255 oder prozentual

Dezimale Farbdefinition

rgb(xxx,xxx,xxx)

Rotanteil | Grünanteil | Blauanteil

angegeben werden. Die Zahlenwerte können Sie ebenfalls direkt im Photoshop- oder Illustrator-Farbwähler C ablesen.

Transparenz
Farbangaben in dezimaler Schreibweise bieten den Vorteil, dass Sie durch Angabe eines vierten Wertes die Transparenz der Farbe von völlig durchsichtig (0) bis undurchsichtig (1.0) angeben können. Hängen Sie in diesem Fall ein „a" für Alphakanal an `rgb`.

Transparenz
`rgba(xxx,xxx,xxx,y.z)` Transparenz

Beispiel: Die Angabe 0.6 bedeutet, dass die Farbe zu 40 % durchsichtig ist. Beachten Sie bitte, dass wie bei Maßangaben auch hier Dezimalzahlen nicht mit Komma, sondern mit einem Punkt geschrieben werden.

3.4.3 Namen

Hex-Code	Farbname
#000000	black
#808080	gray
#C0C0C0	silver
#FFFFFF	white
#00008B	darkblue
#00FFFF	cyan
#006400	darkgreen
#008000	green
#800080	purple
#EE82EE	violet
#FF0000	red
#FF5400	orangered
#FFA500	orange
#FFD700	gold
#FFFF00	yellow
#FFFFF0	ivory

Für 140 Farben können Sie auch vordefinierte Namen verwenden, eine kleine Auswahl haben wir für Sie in der Tabelle links unten zusammengestellt.

Eine vollständige Liste aller möglichen Farbnamen finden Sie beispielsweise unter w3schools.com/colors/colors_hex.asp.

3.4.4 Farbverläufe

Mit CSS können Sie einen Hintergrund mit einem linearen und radialen Farbverlauf versehen.

Farbverläufe

Allg. Definition eines linearen Farbverlaufs

```
background: linear-gradient(richtung,
farbe1,farbe2,...);
```

richtung kann z. B. `to bottom`, `to top`, `to right`, `to left` oder eine Winkelangabe z. B. `45deg` sein.

Allg. Definition eines radialen Farbverlaufs

```
background: radial-gradient(farbe1,
farbe2,...);
```

Beispiel

```
<!doctype html>
<html>
 <head>
  <style>
   #box1 {height: 200px;
          width: 200px;
          background: linear-gradient
          (45deg,yellow,red);}
   #box2 {height: 200px;
          width: 200px;
          background: radial-gradient
          (cyan,blue);}
   </style>
 </head>
<body>
  <div id="box1"></div>
  <div id="box2"></div>
</body>
</html>
```

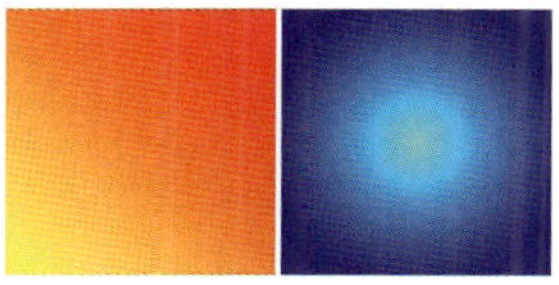

3.5 Typografie

Für die typografische Gestaltung von Webseiten stellen Ihnen die CSS Möglichkeiten zur Verfügung, die Sie aus dem Bereich der Typografie für Printmedien kennen.

Der Unterschied zu Printmedien besteht jedoch darin, dass es im Web eine Vielzahl an Endgeräten gibt. Diese unterscheiden sich nicht nur hinsichtlich Größe und Auflösung, sondern auch hinsichtlich Betriebssystem und Webbrowser. Dies hat zur Folge, dass es nicht möglich ist, *eine* typografische Lösung für alle Geräte zu entwickeln. Vielmehr ist eine Anpassung an die Besonderheiten der Endgeräte erforderlich, z. B. werden Smartphones meistens im Hochformat gehalten, während man Tablets eher im Querformat betrachtet. Eine Typografie, die variabel ist und die sich optimal an die unterschiedlichen Endgeräte anpasst, nennt man *responsiv*.

3.5.1 Fallback-Schriften

Da es sich bei HTML- und CSS-Dateien um reine Textdateien handelt, ist es nicht möglich, Schriftdateien einzubinden. Früher mussten sich Webdesigner/-innen auf Systemschriften, also die Schriften des Betriebssystems, beschränken. Dies hatte zur Folge, dass auf Webseiten die immer gleichen Schriften wie Arial, Verdana oder Georgia zu sehen waren – eine völlig unbefriedigende Situation.

Mit CSS3 wurde eine Möglichkeit geschaffen, auch andere Schriften über `@font-face` einzubinden, so dass auf Systemschriften heute in der Regel verzichtet wird. Sinnvoll ist allerdings, bei der Codierung der Webanwendung eine oder mehrere Systemschriften als sogenannte *Fallback-Schriften* (fallback, dt.: zurückfallen) anzugeben. Dies bedeutet, dass die Schrift oder einzelne Zeichen daraus nur dann verwendet werden, wenn die Schrift oder diese Zeichen in der vorgesehenen Schrift, z. B. einem Webfont, nicht verfügbar sind.

3.5.2 Webfonts

Wie erwähnt wurde mit CSS3 die Möglichkeit geschaffen, Schriften zu verwenden, die keine Systemschriften sind. Zwei Varianten stehen zur Verfügung:

Die erste – nicht zu empfehlende – Möglichkeit besteht darin, dass sich die Schriftdatei auf einem externen Server befindet und erst beim Öffnen der Webseite geladen wird. Der bekannteste Anbieter ist Google (fonts.google.com).

Das Problem hierbei ist, dass beim Zugriff auf (amerikanische) Google-

Webfonts

Webfonts sind für den Einsatz auf Displays optimiert. Bei Google Fonts können Sie aus sehr vielen Schriften auswählen.

Server die IP-Adresse des Users in die USA übertragen wird und dies nach der europäischen DSGVO (Datenschutz-Grundverordnung) einen unzulässigen Eingriff in die Persönlichkeitsrechte darstellt. Als Anbieter müssen Sie deshalb mit einer Abmahnung rechnen.

Die zweite – empfehlenswerte – Möglichkeit ist deshalb, die verwendeten Schriftdatei(en) auf den eigenen Server zu laden und damit den Zugriff auf externe Server zu vermeiden. Google hat mittlerweile auf die Abmahnwelle reagiert und ermöglicht den Download der ausgewählten Fonts.[1]

Neben Google gibt es eine ganze Reihe weitere Anbieter von Schriften, für die Sie eine Nutzunglizenz erwerben können, z. B. bei

- Adobe Typekit (fonts.adobe.com),
- Fontshop (fontshop.com/webfonts).

3.5.3 Schriftart einbinden

Die Verwendung eines Webfonts von Google ist denkbar einfach:

Making of ...

1 Gehen Sie auf die Website fonts.google.com.

2 Suchen Sie sich eine Schrift aus und laden Sie diese herunter **A**.

3 Entpacken Sie die (gepackte) ZIP-Datei.

4 Öffnen Sie im HTML-Editor eine neue, leere Datei und speichern Sie diese unter dem Namen *webfont.html* ab.

5 Erstellen Sie eine HTML-Datei und binden Sie die Schrift über `@font-face` ein (siehe Kasten).

6 Erstellen Sie einen Selektor für Absätze p. (Bei der Angabe von *Arial* und *sans-serif* handelt es sich um die oben erwähnten Fallback-Schriften.)

7 Testen Sie Ihr Ergebnis im Browser.

Schriftart

Verwendung einer Systemschrift

```
font-family: Arial;
font-family: "Times New Roman";
```

Hinweis:
Schriftnamen mit Leerzeichen müssen in Anführungszeichen gesetzt werden.

Einbinden einer Schrift mit @font-face

```
@font-face {
          font-family: Roboto;
          src: url(Roboto-Black.ttf);
          }
```

Beispiel

```
<!doctype html>
<html>
  <head>
  <style>
   @fort-face {
          font-family: Roboto;
          src: url(Roboto-Black.ttf);
          }
   p      {font-family: Roboto, Arial,
                        sans-serif;
          font-size:    2.0em;
          }
 </style>
 </head>
<body>
 <p>Diese Schrift heißt Roboto.</p>
</body>
</html>
```

Diese Schrift heißt Roboto.

1 Google stellt seine Schriften als TTF-Dateien zur Verfügung (Stand: 2022). Auf das für Webanwendungen besser geeignete WOFF2-Format gehen wir an dieser Stelle nicht ein.

3.5.4 Schrifteigenschaften

Nachdem Sie die gewünschte Schrift mit Ihrer Webseite verlinkt haben, stehen Ihnen zahlreiche Möglichkeiten zur Formatierung zur Verfügung. Hierbei geht es nicht nur um eine ansprechende typografische Gestaltung, sondern auch um die Frage optimaler Lesbarkeit auf allen späteren Ausgabegeräten vom Smartphone bis zum großen Monitor.

Schrifteigenschaften	
Schriftgröße	
`font-size: 10px;`	absolute Einheit
`font-size: 1.5em;`	relative Einheit
`font-size: 100%;`	relative Einheit
Schriftstil	
`font-style: normal;`	normal
`font-style: italic;`	kursiv
`font-style: oblique;`	schräg
Schriftstärke	
`font-weight: normal;`	normal
`font-weight: bold;`	fett (bold)
`font-weight: 100;`	extra dünn
`font-weight: 200;`	dünn
`...`	...
`font-weight: 800;`	sehr fett
`font-weight: 900;`	extra fett
Schriftweite (Auswahl)	
`font-stretch: normal;`	normal
`font-stretch extra-condensed;`	sehr schmal
`font-stretch: condensed;`	schmal
`font-stretch: semi-condensed;`	halb schmal
`font-stretch: semi-expanded;`	halb weit
`font-stretch: expanded;`	weit
`font-stretch: extra-expanded;`	sehr weit
Zulässige Kombination	
`font: 15px Arial;`	
`font: bold 2.0em Verdana;`	
`font: italic 700 1.0em Roboto;`	
Satzart	
`text-align: left;`	Flattersatz, links
`text-align: right;`	Flattersatz, rechts
`text-align: center;`	Mittelachsensatz
`text-align: justify;`	Blocksatz

Schrifteigenschaften (Fortsetzung)	
Zeilenabstand	
`line-height: 1.5em;`	
`line-height: 18px;`	
Zeichenabstand	
`letter-spacing: 0.2em;`	
`letter-spacing: 1px;`	
Wortabstand	
`word-spacing: 0.5em;`	
`word-spacing: 2px;`	
Textauszeichnung	
`text-decoration: none;`	ohne
`text-decoration: underline;`	unterstrichen
`text-decoration: overline;`	überstrichen
`text-decoration: blink;`	blinkend
`text-decoration: line-through;`	durchgestrichen
Schriftfarbe (siehe Seite 56)	
`color: black;`	
`color: #0000FF;`	
`color: rgb(100,200,0);`	
`color: rgb(100%,20%,10%);`	
Erstzeileneinzug	
`text-indent: 1.0em;`	
`text-indent: 2mm;`	
Vertikale Textausrichtung	
`vertical-align: top;`	oben
`vertical-align: middle;`	mittig
`vertical-align: bottom;`	unten

Generell gilt, dass der Nutzer oder die Nutzerin der Webanwendung die Schriftdarstellung beeinflussen können sollte. Aus diesem Grund sind *relative Einheiten*, die sich auf die im Browser eingestellte Grundschrift beziehen, zu bevorzugen. W3C empfiehlt die Verwendung der relativen Einheit `em` (siehe Seite 55).

Beachten Sie bitte auch, dass die Einheiten grundsätzlich *ohne Leerzeichen* direkt nach den Zahlen notiert werden müssen.

3.5.5 Zeilenumbruch

Aus der Typografie kennen Sie vermutlich die Regel, dass eine Zeile nicht mehr als 60 bis 80 Zeichen haben darf. Standardmäßig füllt HTML den zur Verfügung stehenden Platz mit Text auf, also bis zum rechten Rand des Browserfensters. Aus diesem Grund wäre die Zeilenlänge bei breiteren Displays zu lang. Um dies zu verhindern, haben Sie prinzipiell drei Möglichkeiten:

- Nur bei sehr kurzen Texten ist die Verwendung von manuellen Zeilenumbrüchen `<br>` sinnvoll.
- Begrenzung der Breite mit `width`
- Übernahme des Zeilenumbruchs aus dem Editor durch `white-space`

Zeilenumbruch

Umbruch wie im HTML-Editor	
`white-space: normal;`	Text umbricht am rechten Browserrand
`white-space: pre;`	Text umbricht wie im Editor gesetzt

Beispiel

```
<!doctype html>
<html>
 <head>
  <style>
     p.ohne {white-space:normal;}
     p.mit {white-space:pre;}
  </style>
 </head>
 <body>
  <p class="ohne">Dies ist ein Text,
  der den Textumbruch demonstriert.</p>
  <p class="mit">Dies ist ein Text,
  der den Textumbruch demonstriert.</p>
</body>
</html>
```

Dies ist ein Text, der den Textumbruch demonstriert.

Dies ist ein Text,
der den Textumbruch demonstriert.

3.5.6 Abstände und Rahmen

Bei Absätzen `<p>`, Überschriften `<h1>` bis `<h6>`, Tabellen `<table>` und Listen `<ul>` bzw. `<ol>` handelt es sich um sogenannte *Blockelemente*. Diese können Sie wahlweise mit einem

- Innenabstand (`padding`)
- Außenabstand (`margin`),
- mit einer Rahmenlinie (`border`),
- Hintergrundfarbe (`background-color`) oder einem
- Hintergrundbild (`background-image`) versehen.

CSS-Elemente zur Gestaltung der Abstände und Rahmen finden Sie auf Seite 67, für Hintergrundfarben auf Seite 56 und Hintergrundbilder auf Seite 63.

3.5.7 Listen

Listen stellen ein wichtiges HTML-Element zur Gliederung von Texten dar. Unterschieden werden dabei Aufzählungslisten, `<ul>` für „unordered list",

Listen

Aufzählungszeichen bei <ul>	
`list-style-type: none;`	ohne
`list-style-type: disc;`	gefüllter Kreis
`list-style-type: circle;`	leerer Kreis
`list-style-type: square;`	Quadrat
Nummerierung bei <ol>	
`list-style-type: decimal;`	1., 2., 3.
`list-style-type: lower-roman;`	i., ii., iii.
`list-style-type: upper-roman;`	I., II., III.
`list-style-type: lower-alpha;`	a., b., c.
`list-style-type: upper-alpha;`	A., B., C.
Position des Aufzählungszeichens	
`list-style-position:`	
`inside;`	innerhalb des Textblockes
`outside;`	außerhalb des Textblockes
Eigene Grafik als Aufzählungszeichen	
`list-style-image: url(punkt.gif)`	

die in jeder Zeile mit einem Aufzählungszeichen beginnen, und nummerierte Listen, <ol> für „ordered list", die mit Ziffern oder Buchstaben beginnen.

Listen können verschachtelt werden, so dass Sie beispielsweise eine Aufzählungsliste auch innerhalb einer nummerierten Liste platzieren können.

3.5.8 Tabellen

Tabellen dienen, wie im HTML-Kapitel deutlich betont, nicht zum Layouten von Webseiten, sondern *ausschließlich* zur Darstellung tabellarischer Daten. CSS-Eigenschaften, die zur Formatierung von Tabellen dienen, finden Sie im Kasten.

Zur Gestaltung des Textes innerhalb einer Tabelle und zur Formatierung der Tabelle selbst (Farben, Rahmen, Abstände) verwenden Sie die CSS-Eigenschaften, die in den vorherigen Abschnitten besprochen wurden. Sie können die Eigenschaften wahlweise auf die gesamte Tabelle <table>, einzelne Datenzellen <td> und teilweise auch auf einzelne Datenreihen <tr> anwenden. Auf diese Weise können Sie beispielsweise Tabellen mit abwechselnder Zeilenfarbe realisieren.

Tabellen	
Zellenabstand	
`border-spacing: 5px;`	
Überlagerung von Rahmen	
`border-collapse: separate;` `border-collapse: collapse;`	keine überlagert
Umgang mit leeren Zellen	
`empty-cells: show;` `empty-cells: hide;`	Anzeige keine Anzeige
Hinweis: Besser ist es, leere Zellen zu vermeiden. Platzieren Sie zumindest ein Leerzeichen (` `) in jeder Zelle.	

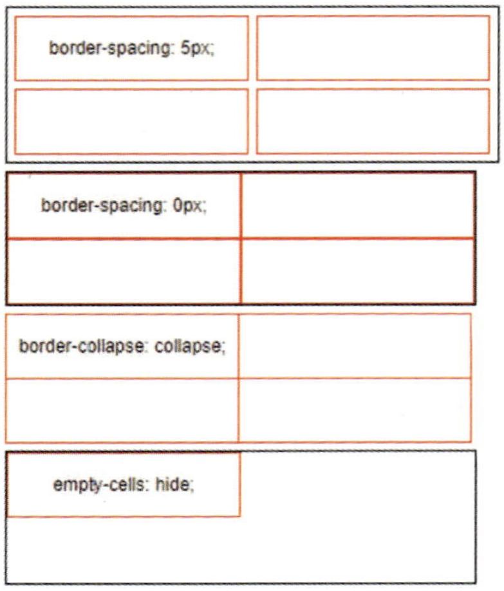

3.5.9 Making of ...

1 Laden Sie – falls noch nicht erfolgt – die Übungsdateien von bi-me.de.

2 Öffnen Sie im HTML-Editor die Datei *tabellen_css.html*.

3 Ergänzen Sie alle Stylesheets, so dass die Tabelle formatiert wird wie im Screenshot dargestellt:

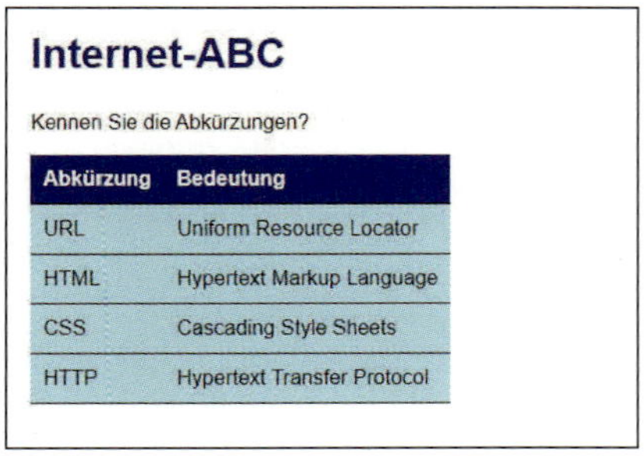

4 Testen Sie Ihre Lösung im Browser. Nehmen Sie ggf. Korrekturen vor.

5 Vergleichen Sie Ihre Lösung mit der Musterlösung *(loesungen.zip)*.

3.6 Hintergründe

Jedem sogenannten Blockelement einer HTML-Datei, also beispielsweise Header <header>, Artikel <article> oder dem <body>, können Sie wahlweise eine Hintergrundfarbe oder ein Hintergrundbild zuweisen. Um das gesamte Browserfenster mit einer Farbe oder einem Hintergrundbild zu versehen, weisen Sie die Farbe oder das Bild dem <body>-Tag zu (siehe Beispiel).

Der Zugriff auf Webseiten erfolgt mit unterschiedlichen Endgeräten wie Laptops, Tablets oder Smartphones. Da sich diese Geräte hinsichtlich Seitenverhältnis und Auflösung unterscheiden, brauchen Sie einen Hintergrund, der sich an die unterschiedlichen Displaygrößen anpasst. Hierfür gibt es folgende Möglichkeiten:

3.6.1 Bildwiederholung

Standardmäßig wird ein Bild links oben platziert und mehrfach dargestellt, wenn das Browserfenster größer ist als das Bild. Mit der Eigenschaft `background-repeat` können Sie dies unterbinden, indem Sie die Option `no-repeat` wählen.

3.6.2 Bildposition

Bei Monitoren oder Displays liegt der Nullpunkt des Koordinatensystems in der linken oberen Ecke. Mit der Eigenschaft `background-position` geben Sie an, welchen horizontalen und vertikalen Abstand ein Bild von diesem Punkt haben soll.

Verwenden Sie auch hier relative Angaben, weil hierdurch eine Anpassung an unterschiedliche Displaygrößen möglich wird. Die Angabe `10vw 0vh` bewirkt, dass das Bild horizontal einen Randabstand von 10 % der Viewportbreite und vertikal am oberen Rand platziert werden soll.

Hintergrundfarbe oder -bild

Hintergrundfarbe (siehe Seite 56)

```
background-color: gray;
```

Hintergrundbild

```
background-image: url("grafik.gif");
```

Bildwiederholung

```
background-repeat: repeat;     Wiederholung
background-repeat: repeat-y;   nur senkrecht
background-repeat: repeat-x;   nur waagrecht
background-repeat: no-repeat;  ohne Whg.
```

Bildposition

```
background-position: 10vw 0vh;
background-position: 20% 50%;
background-position: top left;
background-position: bottom right;
background-position: center center;
```

Bildgröße

```
background-size: 100vw;
background-size: 100% 50%;
background-size: contain;
background-size: cover;
```

Scrollverhalten

```
background-attachment: scroll;  Bild scrollt
background-attachment: fixed;   Bild fest
```

Beispiel

```
<!doctype html>
<html>
 <head>
  <style>
  body {
       background: #333;
       background-image:url("back.jpg");
       background-position: center top;
       background-repeat: no-repeat;
       background-size: 80vw;
       background-attachment: fixed;
      }
  </style>
 </head>
<body>
</body>
</html>
```

3.6.3 Bildgröße

Die zweite wichtige Eigenschaft für Hintergrundbilder in flexiblen Layouts ist `background-size`. Auch hier sind absolute Angaben in Pixel oder relative Angaben in Prozent möglich. Die Option `contain` passt das komplette Bild in den verfügbaren Platz ein, was zur Folge hat, dass horizontal oder vertikal freie Bereiche sichtbar bleiben können. Für Hintergründe empfiehlt sich deshalb die Verwendung der Option `cover`, da hierbei der gesamte Platz gefüllt wird, ohne dass das Bild verzerrt wird. Auf diese Weise bleibt immer ein Bildausschnitt sichtbar.

Fluides Hintergrundbild

Durch `background-size:cover` wird der zur Verfügung stehende Bereich immer komplett ausgefüllt wird.

3.7 Layout

Die „Königsdisziplin“ im Umgang mit CSS ist das Erstellen kompletter Layouts. Wie im Printbereich werden für Layouts Rahmen – sogenannte Blockelemente – verwendet, die erst im zweiten Schritt mit dem gewünschten Content versehen werden. Aus diesem Grund sehen wir uns zunächst die Eigenschaften von Blockelementen an.

3.7.1 Block- und Inline-Elemente

HTML-Elemente lassen sich in zwei Gruppen einteilen:

Blockelemente
Ein Blockelement können Sie sich als Kasten oder Box vorstellen. Im nächsten Abschnitt gehen wir auf das zugehörige CSS-Boxelement ein.

Beispiele für Blockelemente sind die Elemente zur *Dokumentstruktur* wie `<header>`, `<main>`, `<article>`, `<nav>`, `<footer>` sowie zur *Textstruktur* wie `<h1>`, `<p>`, `<li>`, `<table>` und `<div>`.

Inline-Elemente
Bei der zweiten Gruppe von HTML-Elementen handelt es sich um sogenannte *Inline-Elemente*, also Elemente, die sich innerhalb von Blockelementen befinden. Inline-Elemente sind dadurch gekennzeichnet, dass sie sich in den Textfluss integrieren, ohne einen Zeilenumbruch oder Abstand zu erzeugen. Beispiele sind `<a>`, `<b>`, `<i>`, `<img>`, `<input>` und `<span>`.

Manchmal ist es erforderlich, dass sich ein Blockelement wie ein Inline-Element verhält – oder umgekehrt. Zu diesem Zweck dient die CSS-Eigenschaft `display`. Betrachten Sie das Beispiel:

- *Inline-Elemente* A
  Wie erwähnt handelt es sich bei `<a>` um ein Inline-Element. Inline-Elemente werden ohne Zeilenumbruch

Block- und Inline-Elemente

`display: block;`	Blockelement
`display: inline;`	Inline-Element
`display: inline-block;`	Kombination
`display: none;`	ohne Anzeige

Beispiel — Download: *block_inline.html*

```
<!doctype html>
<html>
  <head>
    <style>
      a   {text-decoration: none;
           text-align: center;
           background-color: #ccc;
           width: 100px;
           height: 60px;}
  (B) #b  {display: block;}
  (C) #ib {display: inline-block;}
    </style>
  </head>
  <body>
   <h4>Inline-Elemente</h4>
    <a href="#">Wer?</a>
    <a href="#">Wie?</a>
    <a href="#">Was?</a>
   <h4>Blockelemente</h4>
    <a id="b" href="#">Wer?</a>
    <a id="b" href="#">Wie?</a>
    <a id="b" href="#">Was?</a>
   <h4>Inline-Blockelemente</h4>
    <a id="ib" href="#">Wer?</a>
    <a id="ib" href="#">Wie?</a>
    <a id="ib" href="#">Was?</a>
  </body>
</html>
```

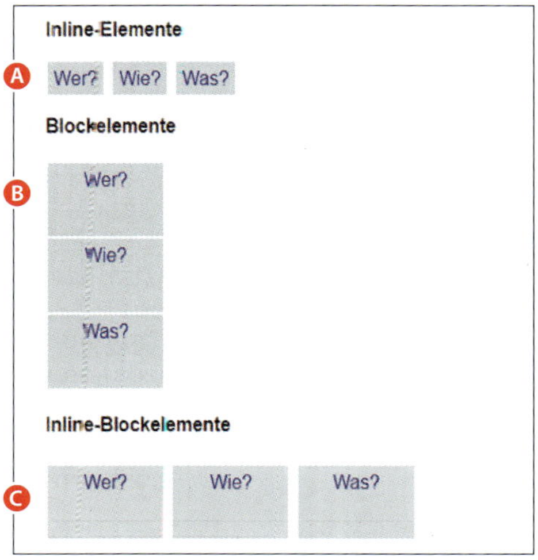

nacheinander dargestellt, die Angabe der Breite und Höhe wird ignoriert.

- *Blockelement* B
  Durch den Selektor #b werden die Links nun als Blockelemente behandelt. Sie werden untereinander dargestellt und erhalten die definierte Breite und Höhe.
- *Inline-Blockelement* C
  Mit #ib wird ein Inline-Element erzeugt, das sich wie ein Blockelement formatieren lässt, aber im Textfluss bleibt.

3.7.2 CSS-Boxmodell

Blockelemente stellen die Grundbausteine dar, aus denen sich beliebige Layouts aufbauen lassen. Wichtige Blockelemente dienen zur Seitenstrukturierung wie der gesamte Dateikörper `<body>`, Kopfbereich `<header>` oder Fußbereich `<footer>`. Die zweite Gruppe der Blockelemente beschreiben die Textstruktur mit Absätzen `<p>`, Überschriften, z. B. `<h1>`, Tabellen `<table>` oder Listen `<ul>` oder `<ol>`.

Beschreibung
Um den Umgang mit Blockelementen zu verstehen, muss zunächst das *CSS-Boxmodell* erläutert werden. Betrachten Sie hierzu die Grafik unten: Ein Blockelement erzeugt zunächst einen leeren Rahmen („Box"), der sich an beliebiger Stelle auf dem Display platzieren lässt. Jede Box ist durch folgende Eigenschaften gekennzeichnet:

- Breite (`width`) und Höhe (`height`), z. B. in Pixel (`px`) oder bezogen auf die Displaybreite bzw. -höhe (`vw` bzw. `vh`),
- optional eine Rahmenlinie (`border`) mit einer bestimmten Breite (`border-width`),

CSS-Boxmodell
Blockelemente können Sie sich als Kasten (Box) vorstellen. Jedes Blockelement kann mit einem Rahmen, einem Außen- oder Innenabstand sowie mit einer Farbe versehen werden.

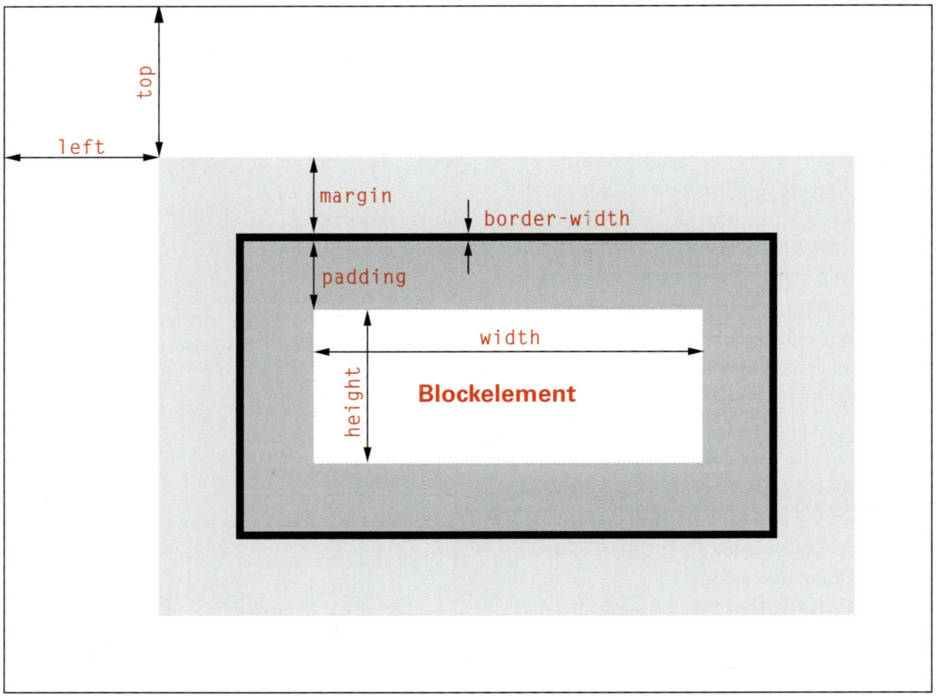

- optional einen Außenabstand (`margin`) zum übergeordneten Blockelement, z. B. zum Rand des Browserfensters,
- optional einen Innenabstand (`padding`), z. B. um einen Abstand zwischen Text und Rändern zu erhalten.
- optional eine Hintergrundfarbe (`background-color`) oder ein Hintergrundbild (`background-image`).

Abmessungen
Die tatsächlichen Abmessungen des Blockelements ergeben sich durch Addition der einzelnen Bestandteile. Hierzu eine Beispielrechnung:

Box-Breite		
`width:200px;`		200 px
`padding:10px;`	2 x 10 px =	20 px
`border:5px solid;`	2 x 5 px =	10 px
		230 px

Box-Höhe		
`height:100px;`		100 px
`padding:10px;`	2 x 10 px =	20 px
`border:5px solid;`	2 x 5 px =	10 px
		130 px

Bei den obigen Abmessungen ergibt sich im Layout eine Box der Größe 230 x 130 Pixel, weil der Innenabstand und die Rahmenstärke zur Breite bzw. Höhe addiert werden. Wird eine Box der Größe 200 x 100 Pixel benötigt, müsste für die Breite 170 und für die Höhe 70 px eingegeben werden. Für das Layouten ist obiges Boxmodell deshalb nicht ideal – wer rechnet schon gerne!

Abhilfe schafft eine wichtige CSS-Eigenschaft namens `box-sizing`, die es ermöglicht, Breiten- und Höhenangaben zu machen, die einen möglichen Innenabstand und Rahmen mit einschließen. Betrachten Sie hierzu

Eigenschaften von Blockelementen	
Breite und Höhe	
`width: 600px;`	feste Breite
`width: 80vw;`	relativ zu Viewport
`min-width: 10vw;`	minimale Breite
`max-width: 800px;`	maximale Breite
`height: 100vh;`	relativ zu Viewport
`min-height: 10vh;`	minimale Höhe
`max-height: 600px;`	maximale Höhe
Außenabstände	
`margin-top: 100px;`	oben
`margin-bottom: 10vh;`	unten
`margin-left: 20%;`	links
`margin-right: 3.0em;`	rechts
`margin: 30px;`	gleiche Abstände
`margin: 5vh 2vw 5vh 2vw;`	oben, rechts, unten, links
Innenabstände	
`padding-top: 10px;`	oben
`padding-bottom: 5vh;`	unten
`padding-left: 20%;`	links
`padding-right: 3.0em;`	rechts
`padding: 5vw;`	gleiche Abstände
`padding: 2vh 5vw 0 5vw;`	oben, rechts, unten, links
Rahmenstärke	
`border-width: 3px;`	
Rahmenart	
`border-style: none;`	ohne
`border-style: dotted;`	gepunktet
`border-style: dashed;`	gestrichelt
`border-style: solid;`	durchgezogen
`border-style: double;`	doppelt
Rahmenfarbe (siehe Seite 56)	
`border-color: #000000;`	
Rahmen mit abgerundeten Ecken	
`border-radius: 20px;`	
Rahmen (Kurzschreibweise)	
`border: 3px solid black;`	
`border: 0.5em dotted #FF0000;`	
Alle Eigenschaften zur Formatierung von Rahmen können auch auf einzelne Seiten begrenzt werden:	
`border-top-`	oben
`border-bottom-`	unten
`border-left-`	links
`border-right-`	rechts

Eigenschaften von Blockelementen (Fortsetzung)

Hintergrundfarbe (siehe Seite 56)

```
background-color: blue;
background-color: #A097FC;
```

Hintergrundbild (siehe Seite 63)

```
background-image: url(“grafik.jpg“);
```

Modifiziertes Boxmodell

```
box-sizing: border-box;
```

Beispiel — Download: *boxsizing.html*

```
<!doctype html>
<html>
 <head>
  <style>
      .box1 {width: 200px;
             height: 100px;
             margin: 20px;
             padding: 10px;
             background-color: gray;
             border: 5px solid;}
      .box2 {box-sizing: border-box;
             width: 200px;
             height: 100px;
             margin: 10px;
             padding: 5px;
             background-color: gray;
             border: 5px solid;}
  </style>
 </head>
<body>
<div class=“box1“>Ohne box-sizing</div>
<div class=“box2“>Mit box-sizing</div>
</body>
</html>
```

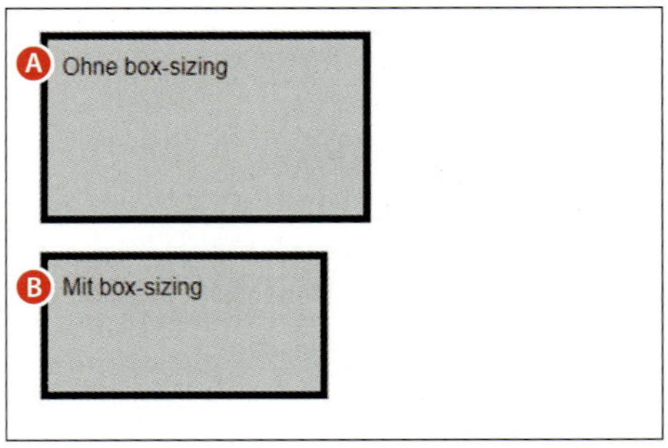

das Beispiel: Die obere Box ist um 60 Pixel breiter und höher als die untere, weil die Innenabstände und die Ränder hinzugerechnet werden (A). Die untere, mit `box-sizing` definierte Box hat die gewünschte Breite und Höhe von 200 bzw. 100 Pixel (B).

Nachdem wir nun die Formatierung von Blockelementen kennengelernt haben, beschäftigen wir uns in den nächsten Abschnitten mit den Möglichkeiten, diese im Viewport zu platzieren:

- `position`
  Mit `position` platzieren Sie Blockelemente fest oder relativ zum Elternelement im Layout.
- `float`
  Das „Umfließen" von Blockelementen hat stark an Bedeutung verloren.
- `flex`
  Mit Flexboxen erstellen Sie dynamische Layouts, die sich an den Viewport des Endgeräts anpassen.
- `grid`
  Grid-Layouts lassen sich auf einfache Weise an unterschiedliche Endgeräte anpassen.

3.7.3 Blockelemente positionieren

Die CSS-Eigenschaft `position` stellt mehrere Möglichkeiten zum Platzieren von Blockelementen zur Verfügung:

- `position: static`
  Das Blockelement bewegt sich im Textfluss des Elternelements mit. Dies ist die Grundeinstellung, die auch ohne `position` funktioniert.
- `position: fixed`
  Wie der Name sagt, bleibt ein mit `fixed` platziertes Blockelement im Viewport unveränderlich sichtbar, auch wenn der User scrollt. Dies ist sinnvoll bei Kopfzeilen oder Navigationsleisten.
- `position: sticky`
  Bei `sticky` handelt es sich um eine Kombination aus `static` und `fixed`: Ein Blockelement scrollt mit bis zu einer definierten Endposition, danach

Blockelemente positionieren	
Variabel im Textfluss (Default)	
`position: static;`	
Feste Position (kein Scrollen)	
`position: fixed;`	
Variabel bis an definierte Grenze, danach fest	
`position: sticky;`	
Absolute Position (innerhalb Elternelement)	
`position: absolute;`	
Relative Position (innerhalb Elternelement)	
`position: relative;`	
Werte zur Positionierung	
`top: 20px;`	Abstand von oben
`bottom: 10vh;`	Abstand von unten
`left: 10em;`	Abstand von links
`right: 50mm;`	Abstand von rechts
Beispiel	Download: *position.html*

```
<!doctype html>
<html>
 <head>
 <style type=“text/css“>
   header   {position: fixed;
             height: 15vh;
             width: 100vw;
             background-color: gray}
   article  {padding: 15vw;}
   section  {position: sticky;
             top: 15vh;
             height: 10vh;
            background-color:lightblue}
   footer   {position: fixed;
             bottom: 0px;
             height: 10vh;
             width: 100vw;
             background-color:darkblue}
  </style>
 </head>
 <body>
  <header></header>
  <article>
    <h1>Lorem impsum</h1>
    <p>...</p>
    <section></section>
    <h1>Sanctus est</h1>
    <p>...</p>
  </article>
  <footer></footer>
 </body>
</html>
```

bleibt es sichtbar. Auf diese Weise könnte z. B. eine Kapitelüberschrift sichtbar bleiben.

- `position: absolute`
  Die Bezeichnung ist irreführend, da das Blockelement relativ zum Elternelement platziert wird. Elemente, die sich im Elternelement befinden, werden wie bei `fixed` überschrieben. Beim Scrollen bewegen sich absolut platzierte Blockelemente mit.
- `position: relative`
  Wie bei `absolute` erfolgt die Positionierung relativ zum Elternelement. Hierbei werden allerdings andere Elemente in dieser Box nicht überschrieben.

Am Beispiel können Sie die Funktionsweise nachvollziehen: Kopfzeile `<header>` und Fußzeile `<footer>` wurden mit `fixed` platziert, damit sie sich beim Scrollen nicht mitbewegen, sondern immer sichtbar bleiben. Bei der hellblauen Box `<section>` wurde mit der Option `sticky` gearbeitet. Dies hat zur Folge, dass sie sich beim Scrollen zunächst mitbewegt. Am unteren Rand des Headers bleibt die Box stehen, weil in den CSS mit `top` diese Obergrenze definiert wurde.

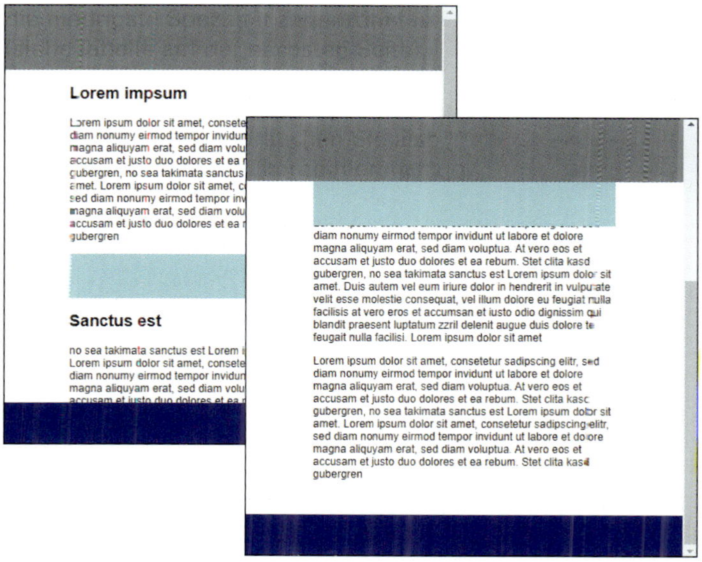

3.7.4 Flexbox

Das Flexbox-Konzept wurde entwickelt, um der großen Vielfalt an möglichen Endgeräten noch besser Rechnung tragen zu können, als dies mit `position` möglich ist. Eine Besonderheit ist, dass Sie bei Flexboxen komplett auf Maßangaben verzichten können, also auch auf relative Angaben in % oder `vw` bzw. `vh`. Flexboxen sind so angelegt, dass sie grundsätzlich den gesamten Viewport ausfüllen.

Die Struktur von Flexboxen ist denkbar einfach: Ein übergeordneter *Flex-Container* wird mit `display` flexibel gemacht. In den Container packt man die gewünschte Anzahl an Blockelementen, sogenannte *Flex-Items,* und legt fest, ob diese horizontal oder vertikal angeordnet werden sollen (`flex-direction`). Ein Flex-Container passt sich samt Inhalt an den zur Verfügung stehenden Platz an – er ist also bereits dynamisch.

Jedem Flex-Item kann über die Eigenschaft `flex-grow` eine ganze Zahl zugewiesen werden, die angibt, wie stark sich das Blockelement verändern darf: Dabei steht die 0 für unveränder-

Flex-Container	
Erzeugen eines Flex-Containers	
`display: flex;`	
Anordnung der Flex-Items	
`flex-direction: row;`	nebeneinander
`flex-direction: column;`	untereinander
Horizontale Anordnung der Flex-Items	
`justify-content: flex-start;`	links nach rechts
`justify-content: center;`	zentriert
`justify-content: flex-end;`	rechts nach links
Vertikale Anordnung der Flex-Items	
`align-items: flex-start;`	oben
`align-items: center;`	mittig
`align-items: flex-end;`	unten
Flex-Items	
Reihenfolge	
`order: n;` Hinweis: Bei n handelt es sich um eine ganze Zahl, wobei 1 für ganz oben bzw. ganz links steht.	
Ausdehnungsverhalten	
`flex-grow: n;` Hinweis: n ist eine ganze Zahl, 0: unveränderlich, 1: leicht veränderlich, 2: stärker veränderlich usw.	

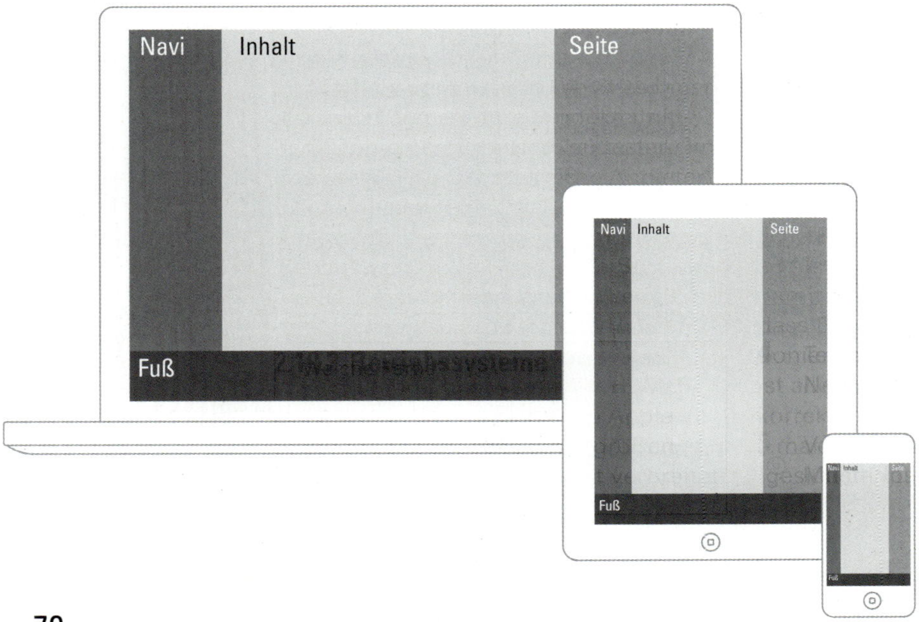

Flexboxen

Die große Vielzahl an unterschiedlichen Endgeräten erfordert flexible Layouts. Für kleine Endgeräte im Hochformat ist diese Lösung nicht geeignet.

Flexbox

Beispiel Download: *flexbox.html*

```
<!doctype html>
<html>
<head>
 <style>
  main,nav,aside,footer{
           box-sizing: border-box;
           color: white;
           padding: 5px;}
 #flex-container {
           display: flex;
           flex-direction: row;
           height: 90vh;}
 nav       {order: 1; flex-grow: 0;
           background-color: #666;}
 main      {order: 2; flex-grow: 3;
           color: black;
           background-color: #ddd;}
 aside     {order: 3; flex-grow: 1;
           background-color: #999;}
 footer    {position: fixed;
           bottom: 0;
           height: 10vh;
           width: 100vw;
           background-color: #333}
 </style>
</head>
<body>
 <div id="flex-container">
   <aside>Seite</aside>
   <main>Inhalt</main>
   <nav>Navi</nav>
 </div>
 <footer>Fuß</footer>
</body>
</html>
```

lich, 1 für etwas veränderlich, 2 für noch stärker veränderlich usw.

Betrachten Sie das Beispiel: Im Flex-Container wurde durch flex-direction festgelegt, dass die Flex-Items in einer Reihe (row) angeordnet werden. Die drei Flex-Items unterscheiden sich dadurch, dass ihnen über flex-grow ein unterschiedliches Ausdehnungsverhalten zugewiesen wurde: Die Navigation <nav> verändert sich nicht (flex-grow:0), der Hauptbereich <main> dehnt sich dreimal so stark aus (flex-grow:3) wie der Hilfsbereich <aside> (flex-grow:1).

Das Attribut order bestimmt die Reihenfolge, in der die Flex-Items angezeigt werden. Die drei Flex-Items werden in der Reihenfolge <nav>, <main> und <aside> angezeigt, obwohl sie im Quellcode in umgekehrter Reihenfolge platziert sind.

Die Grafik links unten zeigt, dass sich Flexboxen bei allen Endgeräten an deren Viewport anpassen. Die dreispaltige Darstellung wäre jedoch bei Smartphones oder Tablets im Hochformat ungeeignet, weil der Inhalt viel zu klein dargestellt würde. Mit Hilfe von Media Queries (siehe Seite 75) können Sie Fallunterscheidungen treffen und das Layout an das Endgerät anpassen.

Making of ...

1 Öffnen Sie im HTML-Editor die Datei *buttonleiste.html* von bi-me.de.

2 Ergänzen Sie die CSS im Quellcode, damit die Navigation wie im Screenshot gezeigt dargestellt wird. Machen Sie hierfür <nav> zum Flex-Container und die Links <a> zu Flex-Items.

3 Formatieren Sie die Schrift in Arial, 1 em, zentriert, schwarz.

4 Ergänzen Sie die Pseudoklassen, damit angeklickte Links rot mit weißer Schrift und mit der Maus berührte Links blau mit weißer Schrift dargestellt werden.

5 Testen Sie Ihre Lösung im Browser. Korrigieren Sie eventuelle Fehler.

6 Vergleichen Sie Ihr Ergebnis mit der Musterlösung *(loesungen.zip)*.

3.7.5 Grid-Layouts

Mit Grid-Layouts oder kurz mit Grids steht Webdesignern/innen seit wenigen Jahren eine Technologie zur Verfügung, die (endlich) das Layouten mit Hilfe von Gestaltungsrastern ermöglicht, wie wir dies vom Printdesign gewohnt sind.

Grid-Layouts sind einfach zu erstellen und eignen sich hervorragend zur Umsetzung responsiver Webseiten. Sie werden sehen, dass Sie bereits mit wenigen Codezeilen ansprechende Ergebnisse erzielen.

Wie bei Flexboxen benötigen Sie auch für Grid Layouts einen Container. Ein *Grid-Container* wird mit `display` definiert und enthält alle Blockelemente, die hier als *Grid-Items* bezeichnet werden. Während Sie bei Flexboxen nur eine Reihe oder eine Spalte definieren können, ermöglichen Grids die Kombination von Reihen und Spalten. Somit können Sie problemlos die Layouts umsetzen, die in der Grafik unten zu sehen sind.

Grid-Container
Erzeugen eines Grid-Containers
`display: grid;`
Aufteilung der Reihen (hier: 4)
`grid-template-rows: auto auto auto auto;` `grid-template-rows: 2fr 1fr 8fr 1fr;`
Aufteilung der Spalten (hier: 3)
`grid-template-columns: auto auto auto;` `grid-template-columns: 0.5fr 3fr 1fr;`
Abstand zwischen Spalten / Reihen

`grid-row-gap: 10px;`
`grid-column-gap: 2vh;`
`grid-gap: 10px 5px;` Reihe und Spalte

Zuweisung der Grid-Items
`grid-template-areas: "kopf kopf kopf" "navi navi navi" "inhalt1 inhalt2 inhalt3" "fuss fuss fuss";`
Grid-Items
Platzierung über name
`grid-area: name;`
Platzierung über Gitterlinien

`grid-row-start: 1;` Beginn der Reihe
`grid-column-start: 1;` Beginn der Spalte
`grid-row-end: 2;` Ende der Reihe
`grid-column-end: 4;` Ende der Spalte
 	
Kurzschreibweise:
`grid-row: 1 / 2;`
`grid-column: 1 / span 3;`
 	
Kurz-Kurzschreibweise:
`grid-area: 1 / 1 / 2 / span 3;`

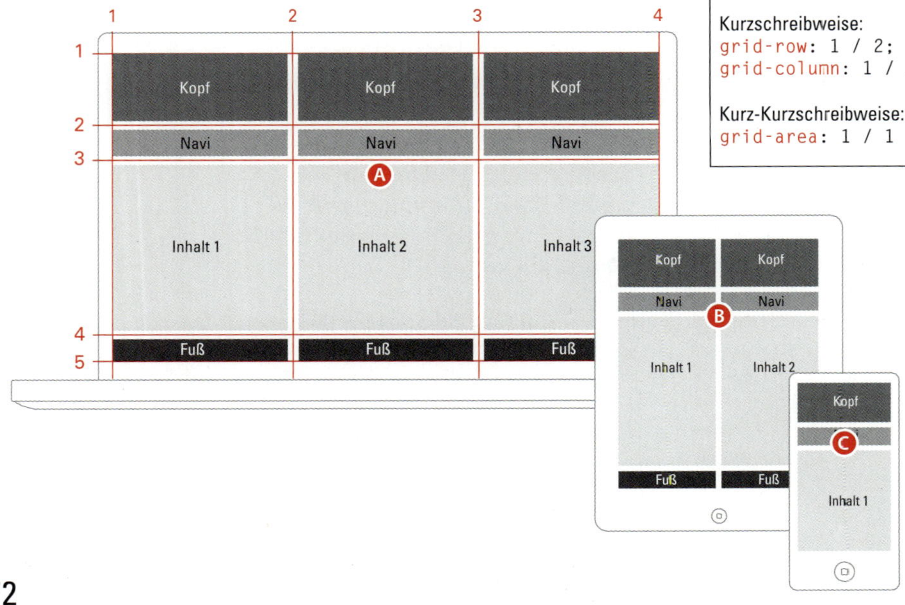

Grid-Layouts

Grid-Layouts ermöglichen die Umsetzung von Layouts wie Sie dies von Printprodukten kennen.

Für das dreispaltige Layout benötigen Sie demnach vier Reihen und drei Spalten. Die Höhe der Reihen (`grid-template-rows`) und Breite der Spalten (`grit-template-columns`) können Sie automatisch (auto) ermitteln lassen, dann sind alle Reihen bzw. Spalten gleich hoch bzw. breit. Alternativ bestimmen Sie mit einem Zahlenwert und der Einheit `fr` (fraction, dt.: Bruchteil) die relative Breite bzw. Höhe selbst: `2fr` ist doppelt hoch bzw. breit wie `1fr`.

Mit `grid-gap` definieren Sie einen Abstand zwischen den einzelnen Blöcken, wahlweise auch nur zwischen den Reihen oder Spalten.

Zur Platzierung der Grid-Items im Layout haben Sie zwei Möglichkeiten:

- Sie weisen jedem Grid-Item mit *grid-area* einen Namen (hier: kopf, navi, inh1 usw.) zu. Danach legen Sie im Grid-Container mit `grid-template-areas` die Position der Items fest. Dabei muss ein Name mehrfach notiert werden, wenn er eine gesamte Reihe oder Spalte ausfüllen soll. Beachten Sie auch, dass jede Zeile in Anführungszeichen stehen muss.
- Noch flexibler sind Sie, wenn Sie die Grid-Items über Gitterlinien angeben, die in der Grafik links rot eingezeichnet sind. Um die Kopfzeile zu platzieren, geben Sie für die Reihe `grid-row-start:1` und `grid-row-end:2` ein. Da die Kopfzeile über alle drei Spalten geht, geben Sie bei `grid-column-start:1` und `grid-column-end:4` ein.
- Alternativ zu vier Zeilen können Sie eine Reihe über `grid-row` und eine Spalte über `grid-column` definieren. Die Angabe `span` besagt, dass mehrere (hier: 3) Spalten verbunden werden sollen. Noch kürzer geht es mit `grid-area`, bei der alle vier Angaben in einer Zeile angegeben werden.

Abschließend möchten wir darauf hinweisen, dass Grid-Layouts noch weitere Möglichkeiten, auf die wir hier jedoch nicht eingehen.

Making of ...

1. Öffnen Sie im HTML-Editor die Datei *grid.html* von bi-me.de. Sie enthält das Layout für Notebooks wie in der Grafik links dargestellt **A**.
2. Speichern Sie Datei unter neuem Namen *grid-tablet.html* ab.
3. Ändern Sie die CSS im Quellcode, um das Layout für Tablets **B** anzupassen. Platzieren Sie `inhalt3` in einer Höhe von `8fr` zweispaltig unter `inhalt1` und `inhalt2`.
4. Das Layout soll nicht komplett dargestellt, sondern durch Scrollen bzw. Wischen sichtbar werden. Dabei soll die Navigationsleiste nur bis zum oberen Rand scrollen und dann sichtbar bleiben (Tipp: `position: sticky`)
5. Testen Sie Ihre Lösung im Browser. Korrigieren Sie eventuelle Fehler.
6. Speichern Sie Datei unter neuem Namen *grid-smartphone.html* ab.
7. Ändern Sie die CSS im Quellcode, um das Layout für Smartphones **C** anzupassen. Platzieren Sie alle Blockelemente untereinander.
8. Testen Sie Ihre Lösung im Browser. Korrigieren Sie eventuelle Fehler.
9. Vergleichen Sie Ihre Lösung mit der Musterlösung *(loesungen.zip)*.

3.7.6 Content

Nachdem Sie das gewünschte Layout mit einer der in den vorherigen Kapiteln beschriebenen Techniken erstellt haben, werden Sie die Blockelemente mit Inhalt (Content) füllen – typischerweise mit Text oder Bildern. Infolge der variablen Blöcke ergibt sich das Problem, dass der (unveränderliche) Text bei Verkleinerung nicht mehr in den zur Verfügung stehenden Rahmen passt. Es kommt zu einem *Textüberlauf*, d. h., ein Teil des Textes wird abgeschnitten.

Textüberlauf verhindern
Mit der CSS-Eigenschaft `overflow` können Sie einen Textübverlauf verhindern. Hierbei werden folgende vier Möglichkeiten unterschieden:
Silbentrennung

Textüberlauf	
`overflow: auto;`	Scrollbalken, falls erforderlich (A)
`overflow: scroll;`	Scrollbalken, immer (B)
`overflow: visible;`	Inhalt komplett sichtbar (C)
`overflow: hidden;`	Inhalt wird abgeschnitten (D)

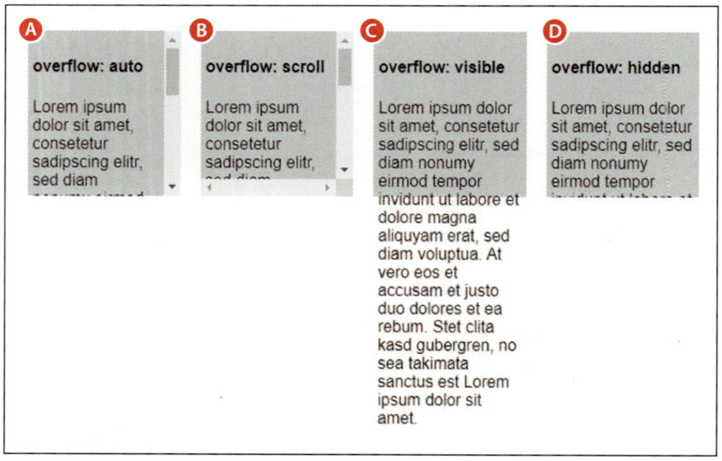

Eine aus typografischer Sicht große Einschränkung von HTML besteht in der fehlenden Möglichkeit der automatischen Silbentrennung, wie wir sie von Word oder InDesign schon lange kennen.

Mit CSS3 wurde nun mit der Eigenschaft `hyphens` die Möglichkeit zur Silbentrennung geschaffen. Mittlerweile wird diese nützliche Funktion von fast allen (aktuellen) Browsern unterstützt.

Beachten Sie, dass im `<html>`-Tag über das `lang`-Attribut die Sprache angegeben werden muss. Andernfalls ist nicht klar, welche Trennregeln anzuwenden sind.

Silbentrennung

```
hyphens: auto;
```

Beispiel — Download: *silbentrennung.html*

```
<!doctype html>
<html lang="de">
 <head>
  <style>
   p {width: 180px;
      border: 1px solid black;
      padding: 5px;
      }
    #trennung{
      hyphens: auto;
      }
  </style>
 </head>
<body>
 <p>Hier ein Absatz, um auszutesten,
 wie die Silbentrennung funktioniert.
 </p>
 <p id="trennung">Hier ein Absatz, um
 auszutesten, wie die Silbentrennung
 funktioniert.
 </p>
 </body>
</html>
```

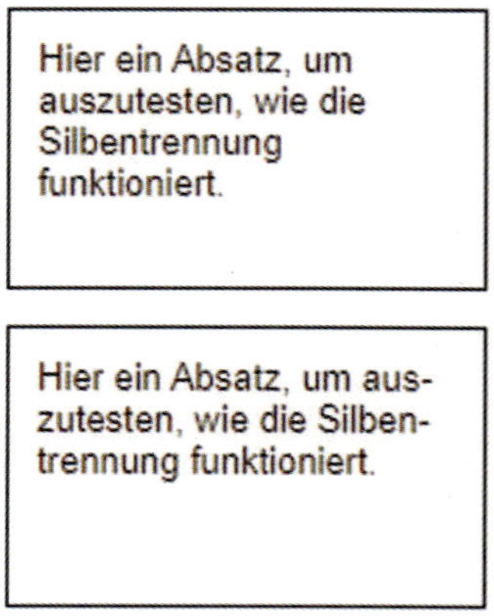

3.8 Media Queries

In den vorherigen Abschnitten haben Sie die Möglichkeiten kennengelernt, wie sich Layouts dynamisch gestalten lassen, um eine Anpassung an das jeweilige Endgerät zu ermöglichen.

Nun reichen diese Möglichkeiten noch nicht aus, um die sehr große Bandbreite an Endgeräten vom kleinen Smartphone im Hochformat bis zum großen 4K-Monitor optimal zu bedienen. Während im ersten Fall Text einspaltig sein muss, ist im zweiten Fall eine drei- oder vielleicht sogar vierspaltige Darstellung deutlich besser. Um dies zu erreichen, brauchen wir also die Möglichkeit, das Layout in Abhängigkeit vom Endgerät zu verändern.

An dieser Stelle kommen die mit CSS3 neu eingeführten *Media Queries* ins Spiel. Mittels Media Queries (frei übersetzt: Medienabfragen) lassen sich Layouts erstellen, die an die spezifischen Eigenschaften der Endgeräte angepasst sind. Dies betrifft nicht nur die unterschiedlichen Abmessungen und Auflösungen der Geräte, sondern auch die Möglichkeit, Smartphones oder Tablets zu drehen oder mit dem Finger zu bedienen.

3.8.1 Medientypen

Zur Anzeige von Webseiten fallen uns sofort Monitore, Tablets und Smartphones ein. In den CSS3 sind zwei weitere Möglichkeiten vorgesehen, zum einen die Druckausgabe und zum anderen die Sprachausgabe.

Medienspezifische CSS-Dateien
Stylesheets werden oft in separaten Dateien gespeichert. Um diese in den HTML-Quellcode einzubinden, können Sie wahlweise `<link>` oder `@import` verwenden. Beachten Sie, dass es sich bei `<link>` um ein HTML-Element handelt, das im Unterschied zum CSS-Element `@import` nicht innerhalb von `<style>...</style>` stehen darf.

Medienspezifische CSS-Dateien

<link>-Element

```
<!doctype html>
<html>
  <head>
  <link rel="stylesheet"
   media="screen" href="digi.css">
  <link rel="stylesheet"
   media="print" href="druck.css">
  </head>
...
```

@import-Direktive

```
<!doctype html>
<html>
 <head>
   <style>
     @import url("digi.css") screen;
     @import url("druck.css") print;
   </style>
 </head>
...
```

Übersicht der Medientypen (media)

all	alle Medien
print	Druckausgabe
screen	Bildschirmausgabe
speech	Sprachausgabe

Differenzierung innerhalb CSS-Datei
Nicht immer ist es sinnvoll, mit mehreren CSS-Dateien zu arbeiten. Gewünschte Änderungen am Layout oder an der Formatierung müssen in allen Dateien nachvollzogen werden und die Gefahr besteht, Änderungen zu übersehen.

Aus diesem Grund sehen die Media Queries vor, dass auch innerhalb von Stylesheets mit `@media` zwischen unterschiedlichen Ausgabegeräten differenziert werden kann. Im Beispiel auf der nächsten Seite oben ändert sich die Schrift, Schriftgröße und -farbe in Abhängigkeit von der Bildschirm- bzw. Druckausgabe.

Differenzierung innerhalb CSS-Datei
@media-Direktive

```
<style>
 @media screen{
     body {font-family: Arial;
           font-size: 1.5em;
           background-color: darkblue;
           color: white;}
           }
 @media print{
     body {font-family:"Times New Roman";
           font-size: 10pt;
           background-color: white;
           color: black;}
           }
</style>
```

3.8.2 Medieneigenschaften

Da sämtliche Geräte mit Display vom Medientyp `screen` sind, ist eine weitere Differenzierung erforderlich. Hierzu werden Eigenschaften wie die Gerätebreite (`device-width`), Gerätehöhe (`device-height`), Auflösung (`resolution`) oder Ausrichtung (`orientation`) im Quer- oder Hochformat herangezogen.

Den meisten Eigenschaften können Sie zusätzlich die Attribute `min-` oder `max-` voranstellen, so dass beispielsweise eine Mindestbreite abgefragt werden kann. Bei `orientation` ergibt dies keinen Sinn.

Medientyp und -eigenschaft lassen sich nun mit Hilfe von Schlüsselwörtern kombinieren:

- `and`
  Logisches UND, d. h., sowohl die eine als auch die andere Bedingung muss erfüllt sein.
- `or`
  Logisches ODER, d. h., entweder die eine oder die andere oder beide Bedingungen müssen erfüllt sein.
- `not`
  Logisches NICHT, d. h., die Bedingung darf nicht erfüllt sein.

Medieneigenschaften

Übersicht (nicht vollständig)

Eigenschaft	Beschreibung
`width`	Anzeigebreite in px
`height`	Anzeigehöhe in px
`device-width`	Bildschirmbreite in px
`device-height`	Bildschirmhöhe in px
`orientation`	Ausrichtung: waagrecht (landscape) oder senkrecht (portrait)
`resolution`	Auflösung in dpi, dpcm
`aspect-ratio`	Anzeigebreite zu -höhe z. B. 16/9
`device-aspect-ratio`	Bildschirmbreite zu -höhe z. B. 16/9

Allen Eigenschaften außer `orientation` kann `min-` oder `max-` vorangestellt werden:
`min-width`
`max-height`
`max-resolution`

Beispiele

Unterscheidung nach Anzeigebreite

```
@media screen and (min-width:960px){
     /*breite Anzeige*/
     }
@media screen and (min-width:480px)
and (max-width:960px){
     /*mittlere Anzeige*/
     }
@media screen and (max-width:480px){
     /*schmale Anzeige*/
     }
```

Unterscheidung nach Ausrichtung

```
@media screen and (orientation:
landscape){
     /*waagerecht*/
     }
@media screen and (orientation:
portrait){
     /*senkrecht*/
     }
```

Unterscheidung nach Gerätebreite und Auflösung

```
@media screen and (min-device-
width:960px) and (max-resolution:
150ppi){
     /*Monitor*/
     }
@media screen and (min-device-
width:480px) and (min-resolution:
150ppi) {
     /*Smartphone, Tablet*/
     }
```

3.8.3 Adaptives Layout

Ein adaptives Layout passt sich an die Breite des Viewports an. Im Beispiel erstellen wir das in der Grafik unten dargestellte Grid-Layout. Es verändert sich mit Hilfe von Media Queries in Abhängigkeit von der Viewportbreite. (Auf eine zusätzliche Anpassung an mobile Endgeräte gehen wir ab Seite 82 ein.)

Bei den Media Queries werden drei Fälle unterschieden:

- Die Viewportbreite beträgt mindestens 1.000 px (A): Die Grid-Items werden dreispaltig in zwei Reihen angeordnet.
- Die Viewportbreite beträgt zwischen 600 und 999 px (B). Die Navigation wird nach oben verschoben, so dass das Layout zweispaltig wird.
- Die Viewportbreite beträgt unter 600 (C). Das Layout ändert sich auf einspaltig und alle Grid-Items werden untereinander angeordnet. Der Content ist jetzt nicht mehr komplett sichtbar, so dass ein Scrollbalken erforderlich wird.

Grid Layout mit Media Queries

Beispiel — Download: *media-queries.html*

```
<!doctype html>
<html>
<head>
 <style>
(A) @media screen and (min-width: 1000px){
  article {display: grid;
        grid-template-rows: 7fr 0.5fr;
        grid-template-columns: 2fr 6fr 2fr;
        grid-template-areas: "navi haupt seite"
                             "fuss fuss fuss";
        height: 100vh;}
  }
(B) @media screen and (min-width: 00px) and
                    (max-width: 999px){
  article {display: grid;
        grid-template-rows: 1fr 5fr 0.5fr;
        grid-template-columns: 6fr 2fr;
        grid-template-areas: "navi navi"
                             "haupt seite"
                             "fuss fuss";
        height: 100vh;}
  }
(C) @media screen and (max-width: 599px){
  article {display: grid;
         grid-template-rows: 0.8fr 6fr 2fr 0.5fr;
         grid-template-areas: "navi" "haupt"
                              "seite" "fuss";
         height: 200vh;}
  }
  nav    {grid-area: navi; background-color: #666;}
  main   {grid-area: haupt; color: black;
         background-color: #ddd;}
  aside  {grid-area:seite; background-color: #999;}
  footer{grid-area: fuss; background-color: #333;}
 </style>
</head>
<body>
 <article>
   <main>Haupt</main>
   <nav>Navi</nav>
   <aside>Seite</aside>
   <footer>Fußzeile</footer>
 </article>
</body>
</html>
```

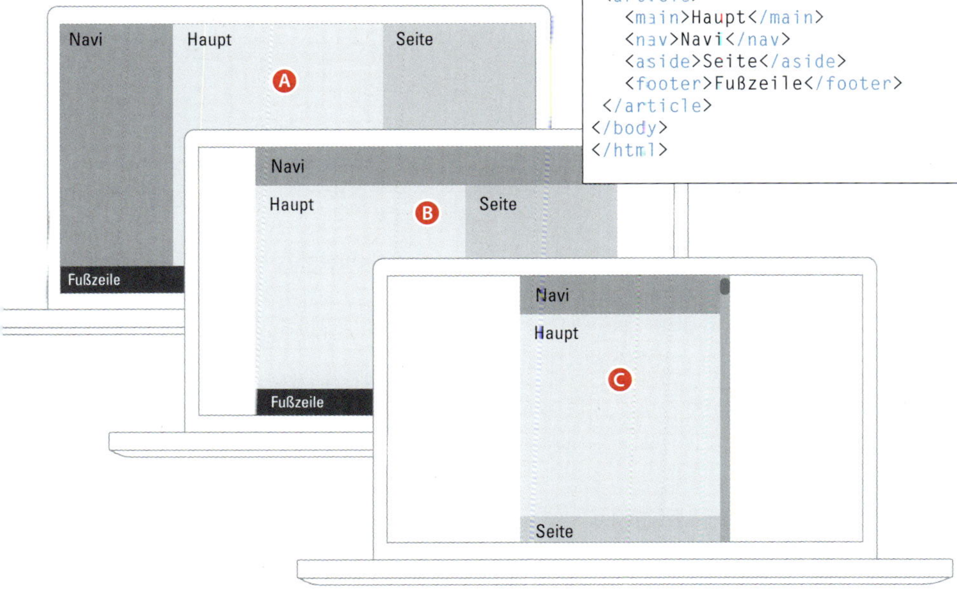

3.9 Animation

Animationen haben nicht nur im (Spiel-)Film, sondern auch in Webanwendungen eine große Bedeutung. Mit Animationen ziehen Sie die Aufmerksamkeit des Betrachters oder der Betrachterin auf sich und beeinflussen somit seine/ihre (unbewusste) Wahrnehmung. Mit gut gemachten Animationen können Sie informieren, unterhalten oder einfach nur beeindrucken.

Auf Seite 36 sind wir kurz auf die verschiedenen Technologien eingegangen, mit denen Animationen erstellt werden. In diesem Kapitel zeigen wir einige grundlegende Techniken, die Sie mit CSS realisieren können.

3.9.1 Keyframe-Animation

Die Grundidee dieser Animationstechnik ist einfach: Man definiert die Startposition eines Objekts, danach die gewünschte Endposition. Die beiden Positionen werden als *Schlüsselbilder* (engl.: keyframes) bezeichnet, weshalb diese Animationstechnik auch *Keyframe-Animation* genannt wird.

Gibt man die Dauer der Animation vor, kann der Computer alle Bilder zwischen den beiden Schlüsselbildern berechnen und auf dem Bildschirm anzeigen. Für den Betrachter ergibt sich ein scheinbar fließender Übergang.

Keyframe-Animationen mit CSS werden mit der `@keyframes`-Regel erstellt. Hierbei können Sie wählen, ob zwei Schlüsselbilder für Start- und Endpunkt ausreichen (`from...to`) oder ob Sie weitere Schlüsselbilder (Prozentangaben) benötigen. Einer Animation muss mit `name` ein eindeutiger Name gegeben werden. Danach kann sie über die Eigenschaft `animation-name` aufgerufen werden.

2D-Transformationen

Zwei Schlüsselbilder

```
@keyframes name {
          from {...}  Startpunkt, -farbe
          to {...}    Endpunkt, -farbe
          }
```

Hinweis:
`name` ist eine beliebige Bezeichnung der Animation.

Mehrere Schlüsselbilder

```
@keyframes name {
          0% {...}    Startpunkt, -farbe
          25% {...}   Zwischenpunkt, -farbe
          ...
          100% {...}  Endpunkt, -farbe
          }
```

Bewegen

```
@keyframes name {
      from {transform: translate(x,y)
      to   {transform: translate(x,y)
      }
```

Hinweis:
x und y sind die Koordinaten, z. B. in px oder in vw/vh.

Skalieren

```
@keyframes name {
      from {transform: scale(x,y)
      to   {transform: scale(x,y)
      }
```

Hinweis:
x und y sind Multiplikatoren in X- und Y-Richtung: 2.0 führt zu einer Verdopplung, 0.5 zu einer Halbierung.

Rotieren

```
@keyframes name {
      from {transform: rotate(xdeg)
      to   {transform: rotate(ydeg)
           }
```

Hinweis:
x, y geben die Drehwinkel in Grad ° (degree) an.

Neigen

```
@keyframes name {
      from {transform: skewX(xdeg)
            skewY(ydeg)
      to   {transform: skewX(xdeg)
            skewX(ydeg)
           }
```

Hinweis:
x, y geben die Neigungswinkel in Grad ° (degree) an.

Mit Keyframe-Animationen können Sie Objekte:

- bewegen (`translate`),
- skalieren (`scale`),
- rotieren (`rotate`),
- neigen (`skewX`, `skewY`).

Farbübergänge

Zusätzlich oder alternativ zu den genannten Transformationen können Sie dem Objekt am Start- und Endpunkt unterschiedliche Farben zuweisen, so dass sich ein Farbübergang ergibt.

Beispiel

Das Beispiel zeigt eine lineare Bewegung um 400 px von links nach rechts. Gleichzeitig findet eine Farbänderung von Rot zu Gelb (Gold) statt.

2D-Transformationen

Beispiel — Download: *keyframe1.html*

```
<!doctype html>
<html>
 <head>
  <style>
   @keyframes bewegung{
   from {transform: translate(0,0);
          background-color: red}
     to {transform: translate(400px,0);
          background-color: gold}
      }
   #box{
     width:100px;
     height:100px;
     animation-name:bewegung;
     animation-duration:2s;
     animation-timing-function:linear;
     transform:translate(400px);
     background-color: gold}
  </style>
 </head>
<body>
  <div id="box"></div>
</body>
</html>
```

Making of ...

1 Öffnen Sie im HTML-Editor die Datei *keyframe1.html* von bi-me.de. Sie enhält die Animation des roten Quadrats von links nach rechts mit Farbänderung in ein gelbes Quadrat.

2 Erweiteren Sie die Animation wie in der Grafik dargestellt. Die roten Punkte zeigen die Koordinaten der Schlüsselbilder. Am Ende soll das Quadrat wieder am Ausgangspunkt sein.

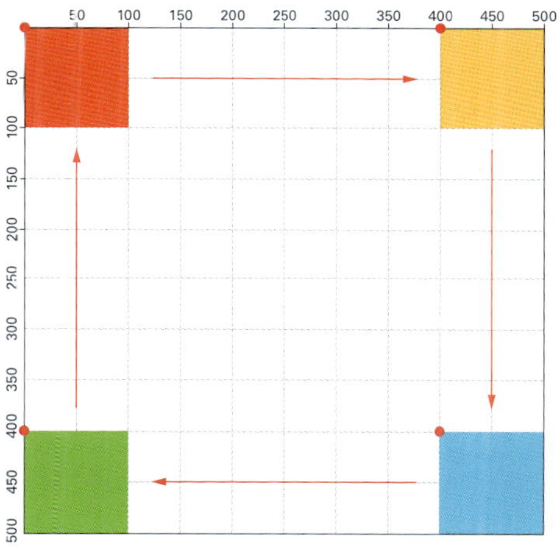

3 Ergänzen Sie einen Farbverlauf von Rot (Start) über Gelb, Lightblue, Lightgreen wieder zu Rot (Ende).

4 Testen Sie Ihre Lösung im Browser. Korrigieren Sie eventuelle Fehler.

5 Vergleichen Sie Ihre Lösung mit der Musterlösung *(loesungen.zip)*.

Eigenschaften von Keyframe-Animationen
Aufruf der Animation
`animation-name: name;` Hinweis: `name` ist der in der Definition vergebene Name der Animation.
Dauer der Animation (in Sekunden)
`animation-duration: 2s;`
Anzahl der Wiederholungen

Anzahl Wiederholungen als Zahl:
`animation-iteration-count: 2;`
 	
Endlose Wiederholung:
`animation-iteration-count: infinite;`

Richtung der Animation

Normale Richtung (Default):
`animation-direction: normal;`
 	
Umgekehrte Richtung:
`animation-direction: reverse;`
 	
Abwechselnd (bei Wiederholung):
`animation-direction: alternate;`

Art der Bewegung

Verzögerung am Anfang und Ende (Default):
`animation-timing-function: ease;`
 	
Verzögerung am Ende:
`animation-timing-function: ease-out;`
 	
Verzögerung am Anfang:
`animation-timing-function: ease-in;`
 	
Gleichförmige Bewegung:
`animation-timing-function: linear;`

Anhalten der Animation

Animation läuft (Default):
`animation-play-state: running;`
 	
Animation stoppen:
`animation-play-state: paused;`

Verzögerter Beginn der Animation
`animation-delay: 10s;`
Kombination von Eigenschaften
`animation: name 4s linear infinite;` Hinweis: Die Kurzschreibweise ermöglicht die Kombination mehrerer Eigenschaften.

3.9.2 Animationseigenschaften

In der Tabelle links finden Sie eine Zusammenfassung der wichtigsten Eigenschaften von Keyframe-Animationen.

Making of ...

1 Öffnen Sie im HTML-Editor die Datei *keyframe2.html* von bi-me.de.

2 Ergänzen Sie folgende 2D-Transformationen mit Hilfe der links genannten Eigenschaften:

- Die Transformationen laufen endlos ab.
- Die Transformationen dauern alle vier Sekunden.
- Die Transformationen laufen gleichförmig (linear) ab.
- Die *Skalierung* reduziert das Quadrat auf 50 % und vergrößert es dann wieder auf 100 %.
- Die *Drehung* erfolgt um 360°.
- Die *Neigung* erfolgt um 20° in Y-Richtung und geht danach wieder in in die Ausgangsposition zurück.

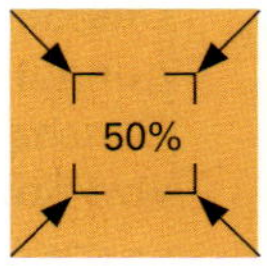

3 Testen Sie Ihre Lösung im Browser. Korrigieren Sie eventuelle Fehler.

4 Vergleichen Sie Ihre Lösung mit der Musterlösung *(loesungen.zip)*.

3.9.3 3D-Transformation

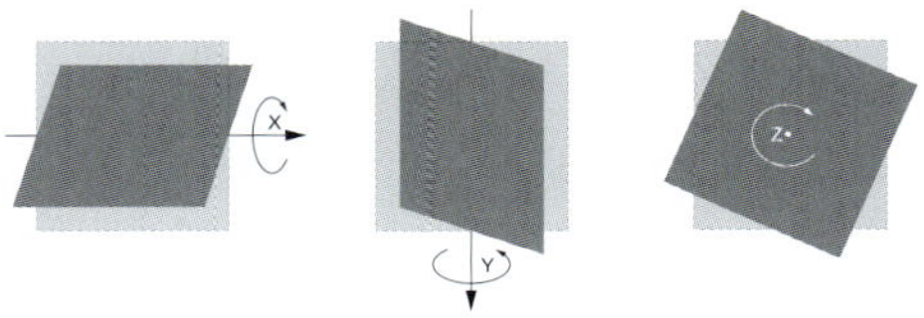

Mit CSS können Sie auch dreidimensionale Transformationen erzeugen. Hierzu hängen Sie an `rotate` oder `scale` die Bezeichnung der Achse an, um die sich das Objekt drehen soll, also `rotateX`, `rotateY`, `rotateZ` oder `scaleX`, `scaleY` oder `scaleZ`.

Beispiel

Das Beispiel zeigt eine 360°-Drehung um die Y-Achse:

3D-Transformation

Beispiel — Download: *keyframe3.html*

```
<!doctype html>
<html>
<head>
 <style>
   body {margin: 50px;
         font-family: Arial;
         font-size: 3.0em;
         text-align: center;}

   @keyframes drehen {
    from {transform: rotateY(0)}
      to {transform: rotateY(360deg)}
         }
   #box  {
          width: 100px;
          height: 100px;
          animation-name: bewegung;
          padding-top: 20px;
          background-color: lightblue;
          animation-name: drehen;
          animation-duration: 5s;
         }
 </style>
</head>
<body>
 <div id="box">3D</div>
</body>
</html>
```

3.9.4 Animation bei Mausaktion

Animationen können auch dazu dienen, dem User eine Rückmeldung zu geben, wo er sich gerade mit der Maus befindet. Das Beispiel realisiert eine Änderung der Buttons bei Berührung mit der Maus (Mouseover).

Animation bei Mausaktion

Beispiel — Download: *keyframe4.html*

```
<!doctype html>
<html>
<head>
 <style>
       body {margin: 30px;
             font-family: Arial;
             font-size: 0.8em;
             text-align: center;
             }
       @keyframes maus {
       from {transform: scale(1);
             background-color: silver}
         to {transform: scale(1.2);
             background-color: red }
             }
          a {display: inline-block;
             padding: 10px;
             width: 100px;
             background-color: silver;
             color: black;
             text-decoration: none;
             }
    a:hover {background-color: red;
             color: white;
             animation-name: maus;
             animation-duration: 0.3s;
             animation-iteration-count:2;
             animation-timing-function:linear;
             animation-direction: alternate;
        }
    </style>
  </head>
  <body>
    <a href="#">Kontakt</a>
    <a href="#">News</a>
    <a href="#">Hilfe</a>
  </body>
</html>
```

3.10 Responsive Webdesign

Wir nutzen das Internet mit dem Smartphone, dem Tablet, am Laptop oder mit großen Displays. Die Forderung dieser Zeit lautet deshalb *Responsive Webdesign*. In dem Begriff steckt das englische Wort *response*, also „Antwort" oder „Reaktion". Ein responsives Design muss also reagieren, und zwar auf das Endgerät, mit dem es betrachtet wird. Die wichtigsten Forderungen an responsives Design sind:

Responsive Webdesign

Relative Maßeinheiten
Maßangaben erfolgen nicht absolut in Pixel, sondern relativ in Bezug auf die Grundschrift des Gerätes bzw. des Browser-Viewports. Wichtige Einheiten sind em, vw, vd, %.

Fluides Layout
Der Content, also Texte, Bilder, Grafiken, muss sich dynamisch an den zur Verfügung stehenden Platz anpassen. Man spricht auch von einem fluiden oder flüssigen Layout.

Adaptives Layout
Layouts verändern sich in Abhängigkeit von der Geräte- oder Fenstergröße. Sie passen sich darüber hinaus an die Geräteeigenschaften an, z. B. an hochauflösende Displays neuerer Tablets oder Smartphones.

Usability/Accessibility
Webanwendung müssen für alle Menschen – auch für Menschen mit Behinderungen – zugänglich und nutzbar sein. Dies hat viele Konsequenzen, z. B. für die Schrift- und Farbgestaltung oder für die Navigation. Barrierefreie Anwendungen müssen darüber hinaus auch ohne Tastatur und Maus bedienbar sein.

Trennung von Content und Design
Der Inhalt (Content) einer Webanwendung muss unabhängig von der Darstellung verfügbar sein. Nur auf diese Weise kann es verschiedene Zugänge zum Inhalt gibt: Neben einem visuellen Zugang ist eine Sprachausgabe oder die Ansteuerung einer Braillezeile (Tastatur mit Blindenschrift) denkbar.

Die Umsetzung dieser Forderungen ist eine anspruchsvolle Aufgabe. Zum Einsatz kommen üblicherweise *Content-Management-Systeme*. In dieser Übung erstellen Sie ein kleines responsives Projekt „von Hand". Ihr Ergebnis wird nicht perfekt an alle Endgeräte angepasst sein, aber Sie werden ein Grundverständnis für die besprochenen Techniken erhalten.

3.10.1 Konzeption

Aufgabe ist die Umsetzung der Beispielsite, für die im Band *Webdesign* dieser Buchreihe die Konzeption erstellt wurde. Die Website besteht aus:

- Navigation (als Icons)
- Kopfzeile (für das Titelbild)
- Content (für Texte, Bilder usw.)
- Fußzeile (für Impressum, AGB usw.)
- Background

Die Anpassung des Layouts an die unterschiedlichen Endgeräte soll folgendermaßen geschehen:

Smartphones
- Die Navigation muss für die Bedienung mit dem Finger geeignet sein und soll am unteren Rand immer sichtbar bleiben.
- Der Content soll im Hochformat einspaltig und im Querformat zweispaltik angezeigt werden.

Tablets
- Das Layout passt sich fluid an die Displaygröße an.
- Die Navigation soll am oberen Rand immer sichtbar bleiben.
- Der Content soll zweispaltig angezeigt werden.

Monitore
- Der Content passt sich adaptiv an den *Viewport* an und wird ein-, zwei- oder vierspaltig.
- Bei weiterer Verbreiterung erscheinen links und rechts Ränder.

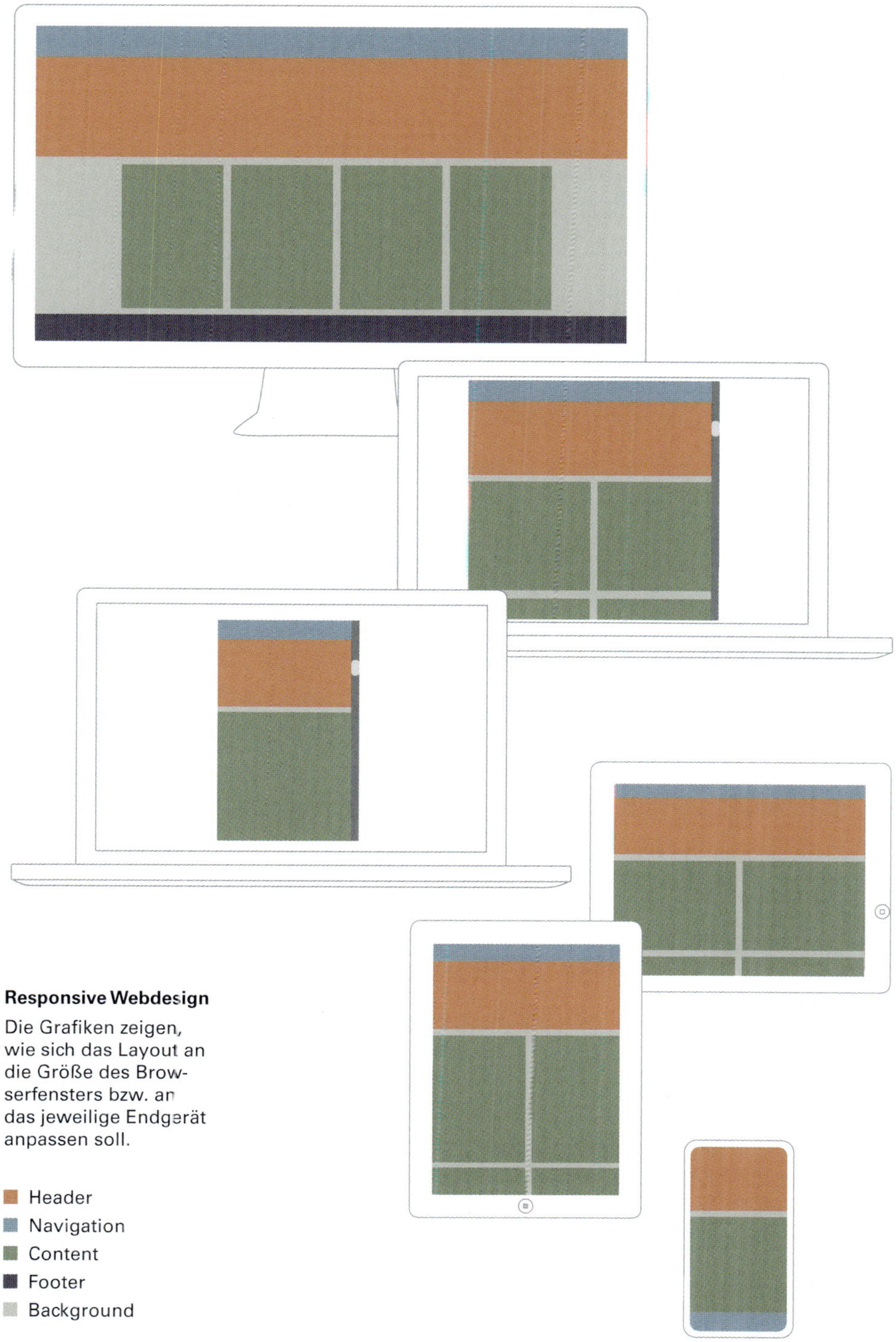

Responsive Webdesign

Die Grafiken zeigen, wie sich das Layout an die Größe des Browserfensters bzw. an das jeweilige Endgerät anpassen soll.

- Header
- Navigation
- Content
- Footer
- Background

3.10.2 Webspace

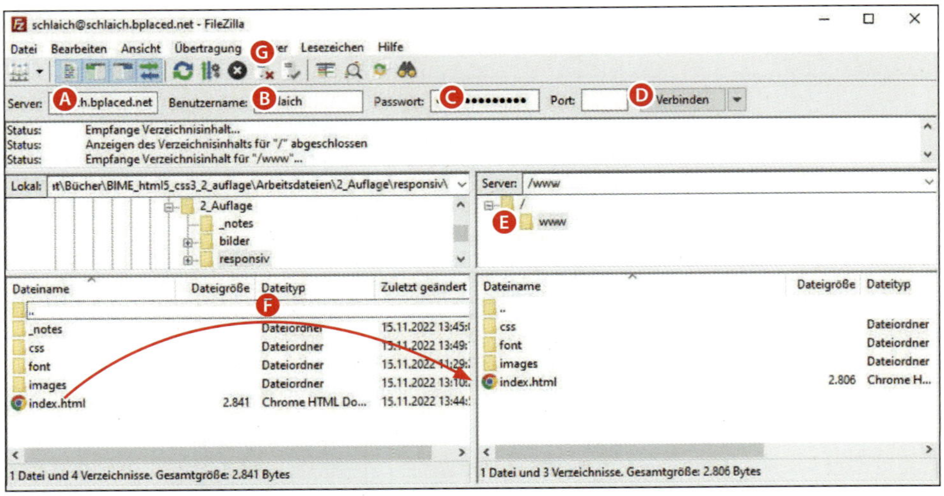

Um eine Website bereits während der Entstehung mit unterschiedlichen Endgeräten testen zu können, müssen wir diese auf einen Webserver laden. Hierzu brauchen wir einen *Webhoster* und eine FTP-Software, mit der Dateien auf den Server hochgeladen werden können. Wir empfehlen und verwenden hier den Webhoster bplaced.net in Kombination mit der FTP-Software filezilla-project.org.

Making of ...

1 Rufen Sie bplaced.net auf.

2 Wählen Sie *Freestyle* (oder eine kostenpflichtige Alternative). Nach Eingabe einer E-Mail-Adresse erhalten Sie per E-Mail ein Passwort.

3 Wählen Sie im nächsten Schritt den gewünschten Benutzernamen. Der Aufruf Ihrer Website erfolgt dann über *name.bplaced.net.* Vergeben Sie ein Zugangspasswort. Schließen Sie danach die Anmeldung ab.

4 Rufen Sie filezilla-project.org auf und klicken Sie auf den Button *Download Filezilla Client.*

5 Installieren Sie *Filezilla*. Beachten Sie, dass Sie während der Installation gefragt werden, ob Sie zusätzliche Software installieren wollen. Dies können Sie durch Anklicken des Buttons *Decline* ablehnen.

6 Starten Sie *Filezilla* und geben Sie folgende Daten ein:
- Server: *name.bplaced.net* A
- Benutzername: *name* B
- Passwort, das Sie bei bplaced verwenden C

7 Klicken Sie auf den Button *Verbinden* D. Wenn alles geklappt hat, sehen Sie im rechten Fenster Ihr Arbeitsverzeichnis *WWW* E. Klicken Sie auf dieses Verzeichnis.

8 Rufen Sie nun im linken Fenster Ihr lokales Arbeitsverzeichnis auf. Von hier aus ziehen Sie dann später mit

gedrückter Maustaste Ihre erstellten Dateien ins rechte Fenster **F**. Danach werden sie auf den Server hochgeladen.

9 Trennen Sie die Verbindung zum Server **G**. Ihr Webauftritt ist jetzt online und kann auf jedem Endgerät über *name.bplaced.net* aufgerufen und getestet werden.

3.10.3 Semantische Struktur (HTML)

Im ersten Schritt setzen wir die auf Seite 82 beschriebene semantische Struktur der Website in HTML-Quellcode um.

Making of …

1 Erstellen Sie einen Projektordner.

2 Öffnen Sie im HTML-Editor eine neue Datei und speichern Sie sie unter dem Namen *index.html* im Projektordner ab.

3 Erstellen Sie eine HTML-Datei nach folgenden Vorgaben:
- Artikel `<article>` (umschließt den gesamten Inhalt)
- Navigationleiste `<nav>`
- Kopfzeile `<header>`
- Vier Abschnitte `<section>` für den Content. Geben Sie jedem Abschnitt eine eigene `id`, z. B. `id="c1"`, `id="c2"` usw., damit diese später unterscheidbar sind.
- Fußzeile `<footer>`

4 Speichern Sie das Zwischenergebnis ab. (Ein Test macht zu diesem Zeitpunkt noch keinen Sinn, weil noch kein Inhalt vorhanden ist.)

3.10.4 Grid-Layout (CSS)

Für die Umsetzung der Layouts auf Seite 83 verwenden wir die ab Seite 72 beschriebene Grid-Technologie. Im ersten Schritt erstellen Sie das *vierspaltige Layout* für breite Viewports.

Making of …

1 Öffnen Sie im HTML-Editor eine neue Datei und speichern Sie diese unter dem Namen *layout.css* im Projektordner ab.

2 Erstellen Sie das Grid-Layout: Machen Sie `<article>` zum Grid-Container und `<nav>`, `<header>`, `<section>` und `<footer>` zu Grid-Items. Orientieren Sie sich ggf. am Screenshot:

```
/* Datei layout.css */

body     {margin:0px; padding:0px; background-color:antiquewhite;
          color:white;}

article {display: grid;
          grid-template-rows: 0.5fr 2.5fr 3fr 0.5fr;
          grid-template-columns: 1fr 1fr 1fr 1fr;
          grid-column-gap: 1vh;
          grid-row-gap: 1vh;
          grid-template-areas: "navi navi navi navi"
                               "kopf kopf kopf kopf"
                               "inhalt1 inhalt2 inhalt3 inhalt4"
                               "fuss fuss fuss fuss";
          height: 100vh;
          max-width: 1200px;
          margin: auto;
          }

nav      {grid-area: navi; background-color:lightblue;}

header   {grid-area: kopf; background-color:tomato;}

section#c1 {grid-area: inhalt1; background-color:lightgreen;}
section#c2 {grid-area: inhalt2; background-color:lightgreen;}
section#c3 {grid-area: inhalt3; background-color:lightgreen;}
section#c4 {grid-area: inhalt4; background-color:lightgreen;}

footer {grid-area: fuss; background-color:darkblue;}
```

Grid-Layout

Die Hintergrundfarben dienen nur zur Veranschaulichung. Sie werden später durch den Content ersetzt.

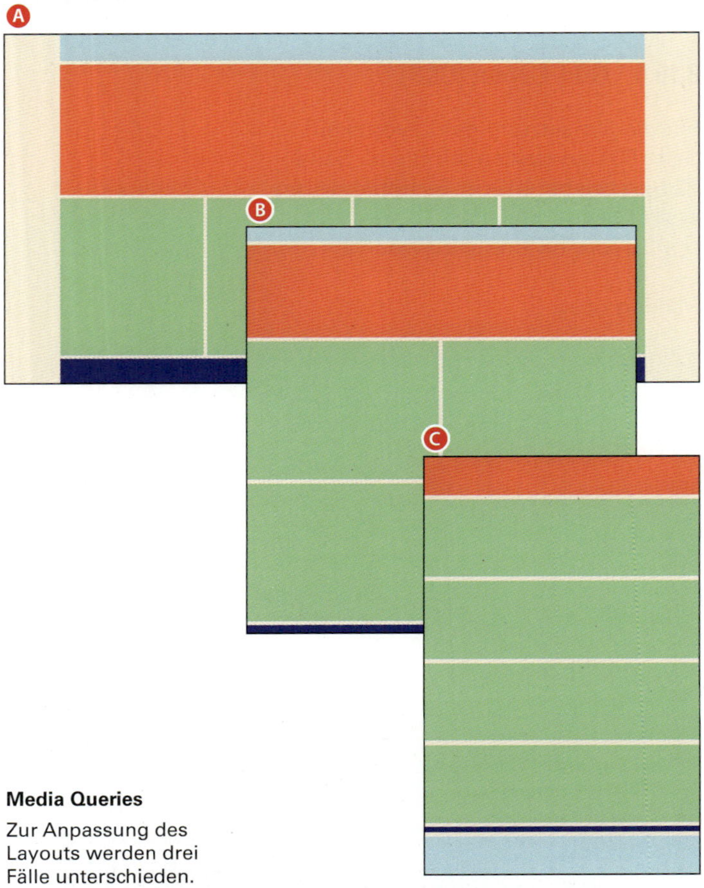

Media Queries

Zur Anpassung des Layouts werden drei Fälle unterschieden.

```
/* CSS Document */

body {margin:0px; padding:0px; background-color:antiquewhite;
color:white;}

nav {grid-area: navi; background-color:lightblue;}

header {grid-area: kopf; background-color:tomato;}


@media screen and (min-width:1025px) and (orientation:landscape){
    article { ··· }
}

@media screen and (min-width:600px) and (max-width:1024px){
    article { ··· }
}

@media screen and (max-width:599px) and (orientation:portrait){
    article { ··· }
}

section#c1 {grid-area: inhalt1; background-color:lightgreen;}
section#c2 {grid-area: inhalt2; background-color:lightgreen;}
section#c3 {grid-area: inhalt3; background-color:lightgreen;}
section#c4 {grid-area: inhalt4; background-color:lightgreen;}

footer {grid-area: fuss; background-color:darkblue;}
```

3 Öffnen Sie, falls geschlossen, die bereits erstellte Datei *index.html* und ergänzen Sie im Dateikopf einen `<link>` zur Datei *layout.css*.

4 Testen Sie die Site. Es müsste die im Screenshot A gezeigte Struktur zu sehen sein.

3.10.5 Media Queries (CSS)

Mit Hilfe von Media Queries (siehe Seite 75) werden wir im nächsten Schritt die Anpassung des Layouts an unterschiedlich breite Viewports bzw. an die Endgeräte vornehmen. Drei Fälle werden unterschieden:

1. Waagrechte Viewports/Geräte mit einer Breite über 1024 px
2. Viewports/Geräte zwischen 600 und 1024 px
3. Senkrechte Viewports/Geräte unter 600 px

Making of …

1 Öffnen Sie, falls geschlossen, Ihre CSS-Datei *layout.css*.

2 Umschließen Sie den Grid-Container `<article>` mit Media Queries für Fall 1, also einer Mindestbreite (`min-width: 1025px`) von 1025 px und waagrechter Ausrichtung (`orientation:landscape`).

3 Duplizieren Sie nun den Grid-Container samt Media Queries. Passen Sie das Layout im Grid-Container an B. Ändern Sie die Media Queries auf Fall 2.

4 Damit die Navigationsleiste im Fall 2 am oberen Rand fixiert wird, ergänzen Sie innerhalb der Media Queries folgende Zeilen:

```
nav  {position: fixed;
      top: 0px;
      width: 100vw;}
```

5 Duplizieren Sie nun den Grid-Container samt Media Queries noch einmal. Passen Sie das Layout im Grid-Container an **C**. Ändern Sie die Media Queries auf Fall 3.

6 Damit die Navigationsleiste im Fall 3 am unteren Rand fixiert wird, ergänzen Sie innerhalb der Media Queries folgende Zeilen:

```
nav  {position: fixed;
      bottom: 0px;
      width: 100vw;
      text-align: center}
```

7 Öffnen Sie die Datei *index.html*. Damit die Media Queries auf Smartphones und Tablets funktionieren, fügen Sie folgende Zeile im Dateikopf <head> ein:

```
<meta name="viewport"
content="width=device-width;
initial-scale=1.0;">
```

8 Speichern Sie die CSS- und die HTML-Datei ab. Laden Sie beide Dateien auf den Webserver hoch wie auf Seite 84 beschrieben.

9 Testen Sie Ihre Site mit unterschiedlich breiten Viewports im Browser sowie auf einem Smartphone und Tablet.

10 Nehmen Sie ggf. Korrekturen vor und wiederholen Sie die Schritte 8 und 9.

3.10.6 Content (HTML)

Im nächsten Schritt platzieren wir den Content in der HTML-Datei.

Making of ...

1 Laden Sie die gepackte Datei *responsiv.zip* von bi-me.de und entpacken Sie diese.

2 Kopieren Sie den Ordner *images* in Ihren Projektordner.

3 Öffnen Sie Ihre Datei *index.html*.

4 Fügen Sie die Icons *elefant.png, giraffe.png, loewe.png* und *nashorn.png* in der Navigationsleiste ein.

5 Versehen Sie jedes Icon mit einem (internen) Link. Nach Anklicken bzw. -tippen soll zum jeweiligen Text gesprungen werden.

Content

Der Content besteht aus Grafiken, Fotos, Hyperlinks und (Blind-) Text.

```
<!DOCTYPE HTML>
<html>
<head>
    <title>Responsive Webdesign</title>
    <meta charset="utf-8">
    <meta name="viewport" content="width=device-width; initial-scale=1.0;">
    <link rel="stylesheet" href="css/layout.css">
</head>
<body>
    <article>
        <nav >
            <a href="#c1"><img id="icon" src="images/elefant.png"></a>
            <a href="#c2"><img id="icon" src="images/giraffe.png"></a>
            <a href="#c3"><img id="icon" src="images/loewe.png"></a>
            <a href="#c4"><img id="icon" src="images/nashorn.png"></a>
        </nav>
        <header>Save us!</header>
        <section id="c1"><img id="bild" src="images/elefant.jpg"><h2>Lorem
        ipsum</h2>
        <p>Lorem ipsum dolor sit amet, consetetur sadipscing elitr, sed diam
        nonumy eirmod tempor invidunt ut labore et dolore magna alicuyam erat,
        sed diam voluptua. At vero eos et accusam et justo duo dolores et ea
        rebum. Stet clita kasd gubergren, no sea takimata sanctus est Lorem
        ipsum dolor sit amet. Lorem ipsum dolor sit amet, consetetur sadipscing
        elitr, sed diam nonumy eirmod tempor invidunt ut labore et dolore magna
        aliquyam erat, sed diam voluptua.</p>
        </section>
        <section id="c2"> ··· </section>
        <section id="c3"> ··· </section>
        <section id="c4"> ··· </section>

    <footer>&copy; 2023 
        <a href="#">Impressum</a> 
        <a href="#">Datenschutz</a> 
        <a href="#">AGB</a> </footer>
    </article>
</body>
</html>
```

6 Fügen Sie die vier Fotografien (Quelle: pixabay.com/de, Zugriff: 16.11.22) in die vier Abschnitte ein. Hinweis: Das Foto im `<header>` wird später in der CSS-Datei ergänzt.

7 Ergänzen Sie in jedem Abschnitt sogenannten Blindtext, den Sie z. B. auf blindtextgenerator.de erzeugen und von dort kopieren können.

8 Ergänzen Sie in der Fußzeile drei (tote) Links zu Impressum, Datenschutz und AGB. Geben Sie als Linkziel `href="#"` ein.

9 Beim Testen Ihrer Site werden Sie feststellen, dass der Content Ihr schönes Layout „zerhagelt" hat. Dies werden wir im nächsten Schritt mit CSS korrigieren.

3.10.7 Screendesign (CSS)

Im letzten Schritt nehmen wir uns das Screendesign vor.

Grafiken – Making of ...

1 Öffnen Sie die Datei *layout.css.*

2 Damit sich das Layout an den (variablen) Inhalt anpassen kann, ändern Sie den Eintrag in den Media Queries (Zeile 15 im Screenshot auf Seite 85) in: `height: auto;`

3 Passen Sie die Größe der Icons in der Navigationsleiste an:
- Um die Icons von den Fotos zu unterscheiden, ergänzen Sie `id="icon"` im `<img>`-Tag der Icons.
- Nehmen Sie die Größenanpassung innerhalb der Media Queries vor, z. B. für die vierspaltige Darstellung (Fall 1):

```
img#icon {width: 80px;
          height: auto}
```

- Wiederholen Sie den Schritt für die beiden anderen Fälle, wählen Sie z.B. 60 px für Fall 2.

Fotos – Making of ...

1 Passen Sie die Größe der Fotos in den vier Abschnitten an:
- Um die Fotos von den Icons zu unterscheiden, ergänzen Sie `id="bild"` im `<img>`-Tag der Fotos.
- Nehmen Sie danach die Größenanpassung für die drei Fälle vor. Für Fall 1 haben wir z. B. folgende Einstellungen gewählt:

```
img#bild {width: 25vw;
          max-width: 300px;
          height: auto}
```

2 Ersetzen Sie die Hintergrundfarbe im `<header>` durch das Hintergrundbild *lemur.jpg*. Das Bild soll die gesamte Fläche bedecken: `background-size:cover;`

Typografie – Making of ...

1 Suchen Sie sich bei Google Fonts (fonts.google.com) eine Schrift aus. Im Beispiel verwenden wir die Schrift *Truculenta.*

2 Laden Sie sich die Schrift herunter wie auf Seite 58 beschrieben, entpacken Sie die Datei und fügen Sie die Schriftdatei in Ihrem Projektordner ein.

3 Binden Sie die Schrift mit `@font-face` in der CSS-Datei ein.

4 Geben Sie die Schrift sowie die Grundschrift-Größe im `<body>` an.

5 Passen Sie die Schriftgröße und -farbe nun im `<header>`, für die Überschriften und Absätze in den Abschnitten `<section>` und für die Links im `<footer>` an.

6 Überprüfen Sie die Lesbarkeit immer wieder auf den verschiedenen Endgeräten.

7 Zum Schluss nehmen Sie noch ein „Finetuning" vor, indem Sie die Innenabstände `<padding>` anpassen und das eine oder andere Leerzeichen ` ` einfügen.

```
/* CSS-Datei layout.css*/
@charset "utf-8";
@font-face {
     font-family: "Truculenta";
     src: url("../font/Truculenta-VariableFont_opsz,wdth,wght.ttf");}

body {margin: 0px;
        padding: 0px;
        background-color: antiquewhite;
        color: white;
        font-family: "Truculenta", sans-serif;
        font-size: 1.5em;}

nav {grid-area: navi;
       background-color: #CB841E;
       text-align: right;padding-right:5vw;
       padding-top: 10px;
       box-sizing: border-box;}


header {grid-area: kopf;
       padding-left:5vw; font-size: 5.0em ;
       background-image:url("../images/lemur.jpg");
       background-size: cover;
       background-repeat: no-repeat;
       color: antiquewhite;}

section {background-color:white;}
section#c1 {grid-area: inhalt1;}
section#c2 {grid-area: inhalt2;}
section#c3 {grid-area: inhalt3;}
section#c4 {grid-area: inhalt4;}

footer {grid-area: fuss;
      background-color: #630;
      font-family: Arial,sans-serif;
      font-size: 0.5em;
      padding: 15px;}

a   {color: white;
       text-decoration: none; }
h2  {color: black;
       margin: 20px;
       color:#630}
p   {color: black;
       margin: 20px;
       font-size: 0.8em}

@media screen and (min-width:1025px) and (orientation:landscape){ ... }

@media screen and (min-width:600px) and (max-width:1024px)  { ... }

@media screen and (max-width:599px) and (orientation:portrait){ ... }
```

Hinweis an die Experten:
Uns ist bewusst, dass das Ergebnis optimiert werden könnte. In dieser Einführung haben wir uns auf die Grundfunktionen begrenzt. Wir haben dabei das Ziel verfolgt, dass Sie die einzelnen Lernschritte möglichst gut nachvollziehen konnten.

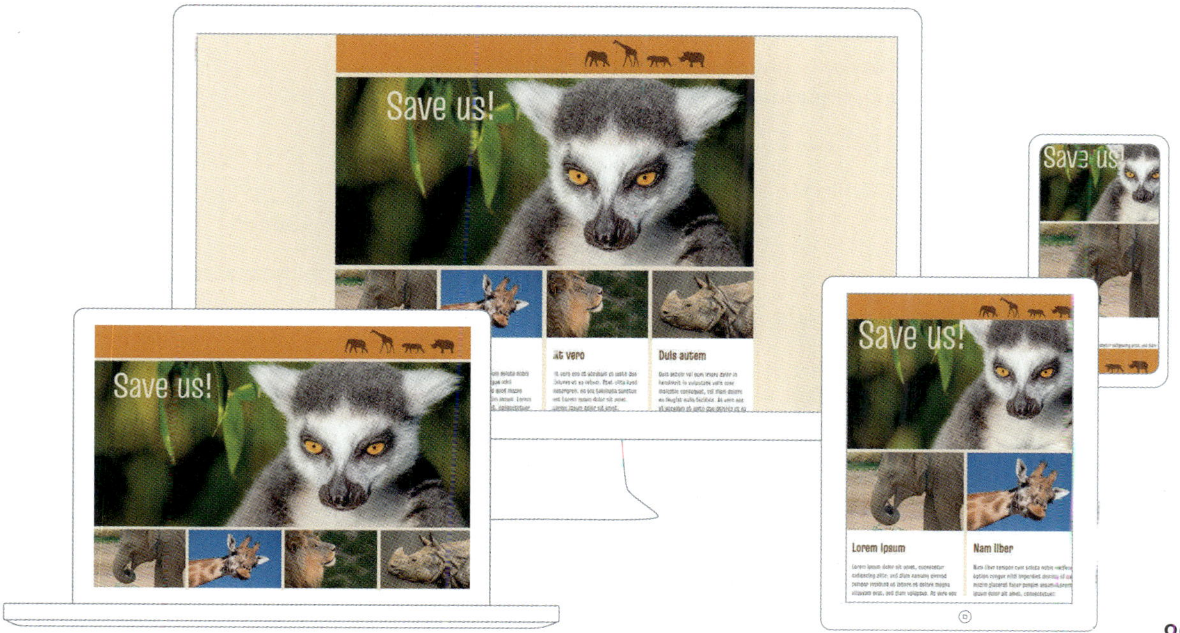

3.11 Aufgaben

1 Bedeutung von CSS kennen

Zählen Sie drei Gründe auf, weshalb Webseiten ausschließlich mit CSS formatiert und gestaltet werden sollen.

1.

2.

3.

2 CSS definieren

a. Wo können Stylesheets definiert werden? Nennen Sie die drei Möglichkeiten.

1.

2.

3.

b. Nennen Sie jeweils einen Vorteil für die unter a. genannten Möglichkeiten der Definition.

Vorteil von 1:

Vorteil von 2:

Vorteil von 3:

3 Kaskadierung verstehen

a. Erklären Sie den Begriff *Cascading* (Kaskadierung) bei den Cascading Style Sheets.

b. Erklären Sie den wesentlichen Vorteil der Kaskadierung.

4 Selektoren kennen

Eine CSS-Regel besitzt folgende allgemeine Struktur:

```
selektor{
        eigenschaft1: wert1;
        eigenschaft2: wert2;
        }
```

a. Geben Sie vier Gruppen von Selektoren an.

1.

2.

3.

4.

b. Formulieren Sie für jede der unter a genannten Gruppen ein Beispiel.

1.

2.

3.

4.

5 Rangfolge von Selektoren kennen

Gegeben ist folgender Quellcode:

```
<!doctype html>
<html>
<head>
<title>CSS</title>
<style type="text/css">
  *          {color: red;}
  .schwarz   {color: black;}
  #blau      {color: blue;}
  p          {color: silver;}
</style>
</head>
<body>
  <p id="blau" class="schwarz">
  1. Absatz</p>
  <p id="blau"
  style="color:green">
  2. Absatz</p>
  <p>3. Absatz</p>
  <div>4. Absatz</div>
</body>
</html>
```

In welcher Farbe werden die vier Absätze jeweils angezeigt? Mit Begründung.

1. Absatz ist , weil

2. Absatz ist , weil

3. Absatz ist , weil

4. Absatz ist , weil

6 Maßeinheiten kennen

a. Erklären Sie den Unterschied zwischen relativen und absoluten Maßeinheiten.

b. Nennen Sie zwei relative und zwei absolute Maßeinheiten.

Relative Maßeinheiten:

Absolute Maßeinheiten:

c. Erklären Sie den Vorteil relativer Maßeinheiten?

7 Farben angeben

Geben Sie die Farbe an:

a. #FF0000 ....

b. #0FF[1] ....

c. #999 ....

d. rgb(255,255,0) ....

e. rgb(200,255,200) ....

f. rgba(0,0,100,0.5) ....

8 Text gestalten

Nennen Sie die CSS-Eigenschaften:

a. Schriftart: Arial

b. Zeichenabstand: 2 px

c. Schriftgröße: 1 em

d. Schriftfarbe: Schwarz

e. Zeilenabstand: 1,2 em

f. Unterstreichung: keine

g. Erstzeileneinzug: 10 px

h. Satzart: linksbündig

1 Wenn die Ziffern paarweise gleich sind, ist es zulässig, nur eine Ziffer zu nennen: #0FF kürzt #00FFFF ab.

9 Schriften verwenden

Sie wollen eine Schrift verwenden, die keine Systemschrift ist. Nennen Sie zwei Möglichkeiten.

1.

2.

10 CSS-Boxmodell kennen

Das CSS-Boxmodell ist von zentraler Bedeutung für das Layouten von Webseiten. Geben Sie folgende CSS-Eigenschaften an:

a. Breite: ....

b. Höhe: ....

c. Hintergrundfarbe: ....

d. Rahmenart: ....

e. Rahmenstärke: ....

f. Außenabstand: ....

g. Innenabstand: ....

11 Flexible Layouts erstellen

a. Erläutern Sie den Vorteil flexibler Layouts im Vergleich zu unveränderlichen Layouts.

b. Nennen Sie zwei CSS-Technologien, mit denen flexible Layouts erstellt werden können.

1.

2.

12 Responsive Webdesign

a. Erklären Sie den Begriff

b. Zählen Sie drei Anforderungen an Responsive Webdesign auf.

1.

2.

3.

4.1 Lösungen

4.1.1 HTML

1 HTML-Grundlagen kennen

HTML-Grundlagen	w	f
HTML steht für Hypertext Media Language		x
Hypertext bedeutet, dass Text nichtlinear verbunden werden kann.	x	
Die Struktur eines Tags ist: <tag>Inhalt<tag/>		x
HTML-Dateien sind reine Textdateien.	x	
Ein WYSIWYG-Webeditor ermöglicht eine Vorschau auf die Webseiten.	x	
Eine HTML-Datei beginnt mit der Angabe des DOCTYPE.	x	
HTML-Dateien besitzen die Endung .htm oder .html	x	
Schriften können in HTML-Dateien eingebettet werden.		x
Eine HTML-Datei besteht aus Dateikopf und Dateikörper.	x	
Meta-Tags sind im Browser unsichtbar.	x	

2 Aufbau einer HTML-Datei kennen

a.
```
<!DOCTYPE html>
<html>
<head>
<title> … </title>
…
</head>
<body>
…
</body>
</html>
```

b. HTML-Grammatik:
- HTML-Elemente stehen in spitzer Klammer.
- Fast alle Elemente besitzen ein Start- und ein End-Tag.
- HTML-Elemente dürfen ineinander verschachtelt werden.
- Eigenschaften (Attribute) eines HTML-Elements werden im Start-Tag notiert.

3 HTML-Grundlagen kennen

a. Der `<title>` erscheint im „Reiter" über dem Browserfenster oder in der Kopfleiste des Webbrowsers.
b. Damit die Seite auch in Ländern außerhalb des deutschsprachigen Raumes korrekt dargestellt wird.
c. `Fleißkärtchen`
d. Groß- und Kleinschreibung unterscheiden, keine Leer- und Sonderzeichen, keine Umlaute verwenden
e. `Übung_1.htm`
`Uebung 1.htm`
`1.Uebung.htm`

4 Begriff „Semantik" verstehen

a. Die semantische Struktur beschreibt die Gliederung und den inhaltlichen Aufbau der Webseite, z. B. Kopf-, Fuß-, Navigationsbereich, Abschnitte, Überschriften, Tabellen. Diese Struktur ist unabhängig von der Formatierung und Gestaltung.
b.
```
<section>…</section>
<article>…</article>
<nav>…</nav>
<header>…</header>
<footer>…</footer>
<h1>…</h1>
<p>…</p>
```

5 Schriften verwenden

a. Die Schrift, die im Webbrowser als Grundschrift eingestellt ist.
b. Weil dies bei Servern außerhalb der EU einen Verstoß gegen die Datenschutz-Grundverordnung (DSGVO) darstellt.

6 Dateien korrekt benennen

a. `.htm` oder `.html`

P. Bühler et al., *HTML und CSS*, Bibliothek der Mediengestaltung,
https://doi.org/10.1007/978-3-662-66663-0

b. Nein, da die Dateien sonst nur unter macOS funktionieren.
c. Da Webserver häufig auf UNIX basierende Betriebssysteme haben und dann zwischen Groß- und Kleinschreibung unterschieden wird.
d. Sonderzeichen sollten vermieden werden, da dies je nach Betriebssystem des Webservers zu Fehlern führen kann.
e. index.htm oder index.html

7 Meta-Tags verwenden

a. Meta-Tags liefern (unsichtbare) Zusatzinformationen über die Website. Es handelt sich dabei um Copyright-Angaben, um Angaben für Suchmaschinen, für Webserver oder den Webbrowser.
b. Im Dateikopf <head>
c. Meta-Tags sind nur im Quelltext, nicht aber im Browser sichtbar.
d. Angabe des Zeichensatzes, des Autors, des Erstellungsdatums, automatische Weiterleitung der Website

8 Hyperlinks verwenden

a. <a href="http://www.amazon.de">...</a>
b. <a href="kontakt.htm">...</a>
c. <a href="sites/help.htm">...</a>
d. <a href="mailto:donald@duck.de">...</a>
e. <a href="pdf/text.pdf">...</a>
f. <a href="#seitenende">...</a>

9 Tabellen verwenden

Die Lösung finden Sie in der Datei *highscore.html* auf bi-me.de.

10 Bildformate für Webseiten kennen

a. JP(E)G, GIF, PNG
b. SVG, Canvas
c. Vektorgrafiken sind verlustfrei skalierbar, können an das Format des Endgerätes angepasst werden.

11 Bilder/Grafiken referenzieren

a. HTML-Dateien sind reine Textdateien, die keine binären Daten einbinden können.
b. Relative Pfadangaben:
   - <img src="button3.gif">
   - <img src="bilder/button1.gif">
   - <img src="../button3.gif">
   - <img src="../bilder/button1.gif">

12 Formulare entwerfen

a. Eine einheitliche, vollständige und fehlerfreie Dateneingabe ist erforderlich, damit eine per Skript automatisierte Übernahme der Daten in eine Datenbank möglich ist.
b. Das <label>-Tag dient Screenreadern dazu, Formulare richtig zu interpretieren. Außerdem erleichtert es die Benutzereingabe für Menschen mit motorischen Einschränkungen.

13 AV-Medien einbinden

a. <audio>...</audio>
b. <video>...</video>

14 Webbrowser unterscheiden

a. Google Chrome, Mozilla Firefox, Microsoft Edge (Stand: 2022)
b. Google Chrome, Apple Safari, Samsung Internet (Stand: 2022)

4.1.2 CSS

1 Bedeutung von CSS kennen

- CSS ermöglichen die Gestaltung von Webseiten, HTML nicht.
- Inhalt und Design können unabhängig voneinander erstellt und bearbeitet werden.
- Das Design kann als externe Datei abgespeichert werden und lässt sich somit auf beliebig viele HTML-Seiten anwenden.
- Für einen Inhalt können mehrere Designs erstellt werden, z. B. für Monitor, Smartphone, Druck.
- Die Inhalte können unabhängig vom Layout in einer Datenbank verwaltet werden.

2 CSS definieren

a. Externe Definition in einer Datei
Zentrale Definition im Dateikopf
Lokale Definition im Tag

b. *Externe Definition*
Das Design kann für beliebig viele HTML-Dateien genutzt werden.
Zentrale Definition
Einmalig benötigte Abweichungen von extern definierten Stylesheets lassen sich im Dateikopf angeben. Sie haben dort eine höhere Priorität gegenüber externen Stylesheets.
Lokale Definition
Maximale Flexibilität, z. B. zur Auszeichnung einzelner Elemente. Lokale Stylesheets haben die höchste Priorität.

3 Kaskadierung verstehen

a. Unter Kaskadierung ist zu verstehen, dass Stylesheets „mehrstufig" zum Einsatz kommen, und zwar hinsichtlich Ort: extern, zentral, lokal und Verfasser: Autoren-, Benutzer-, Browser-Stylesheets.

b. Die Kaskadierung ergibt eine hohe Flexibilität und ermöglicht notwendige Freiräume. So können z. B. auch die Nutzer/-innen einer Website mitbestimmen, wie diese in ihrem Browser dargestellt werden soll. Dies ist beispielsweise für Menschen mit Sehschwäche eine Hilfe.

4 Selektoren kennen

a. Selektoren:
   - HTML-Elemente (Tags)
   - Universalselektor
   - Klassen
   - Individualformate
   - Pseudoklassen

b. Beispiel:

```
p      {font-family: Arial;}
*      {background-color:#FFF;}
.rot   {color: red;}
#fett  {font-weight: bold;}
a:link{text-decoration:
        none;}
```

5 Rangfolge von Selektoren kennen

- 1. Absatz ist blau, weil Individualformate vor Klassen und Tags kommen.
- 2. Absatz ist grün, weil lokales Stylesheet vor Individualformat kommt.
- 3. Absatz ist silber, da Tag <p> vor Universalselektor kommt.
- 4. Absatz ist rot, weil nur der Universalselektor angegeben ist.

6 Maßeinheiten kennen

a. Absolute Maßeinheiten sind feste, unveränderliche Angaben.

Relative Maßeinheiten beziehen sich auf die in den Browsereinstellungen gemachten Angaben.

b. Relativ: em, ex, vw, vh, (px)
(Pixel ist auch relativ, da von der Auflösung des Displays abhängig)
Absolut: mm, cm, pt, (px)

c. Mit relativen Angaben ist eine Anpassung des Layouts an unterschiedliche Displays wesentlich einfacher. Sie besitzen auch den Vorteil, dass der Nutzer oder die Nutzerin Einfluss auf die Darstellung nehmen kann, was vor allem bei der Schriftgröße sinnvoll ist.

7 Farben angeben

a. Rot
b. Cyan
c. Grau
d. Gelb
e. Hellgrün
f. Dunkelblau, halbtransparent

8 Text gestalten

a. `font-family: Arial;`
b. `letter-spacing: 2px;`
c. `font-size: 1em;`
d. `color: Black;`
e. `line-height: 1.2em;`
f. `text-decoration: none;`
g. `text-indent: 10px;`
h. `text-align: left;`

9 Schriften verwenden

- CSS: Schriftdatei auf dem Webserver bereitstellen und über `@font-face` einbinden.
- HTML: Schriftdatei auf dem Webserver bereitstellen und über `<link>` einbinden.

10 CSS-Boxmodell kennen

a. `width`
b. `height`
c. `background-color`
d. `border-style`
e. `border-width`
f. `margin`
g. `padding`

11 Flexible Layouts erstellen

a. Durch ein flexibles Layout passt sich der Inhalt an die (veränderliche) Größe des Browserfensters bzw. an die Displays der mobilen Endgeräte an.

b. Flexbox
Grid-Layout

12 Responsive Webdesign

a. Unter Responsive Webdesign versteht man die Anpassung des Screendesigns an den Viewport des Webbrowsers bzw. an die unterschiedlichen Endgeräte.

b. Wesentliche Forderungen sind:
   - Verwendung relativer Maßeinheiten
   - Erstellung eines fluiden Layouts (Blockelemente verändern ihre Größe)
   - Erstellung eines adaptiven Layouts (das sich in Abhängigkeit vom Endgerät verändert)
   - Anpassung der Darstellung in Abhängigkeit von Benutzereingaben, z. B. Wahl der Schriftgröße
   - Konsequente Trennung von Inhalt und Design

4.2 Links und Literatur

Links

Bilder-Generator
dummyimage.com

Blindtext-Generator
blindtextgenerator.de

Browserkompatibilität
caniuse.com

Gültigkeit (Validität)
validator.w3.org

Statistiken zu Browser und Web
gs.statcounter.com

W3C (Dachorganisation des Internets)
w3c.org

W3C-School
w3schools.com

Webdesign mit CSS
csszengarden.com

Webfonts
fonts.google.com
fontshop.com/webfonts
fonts.adobe.com

Wiki zu HTML5 und CSS3
wiki.selfhtml.org/wiki/

Übersicht Webeditoren
de.wikipedia.org/wiki/Liste_von_HTML-Editoren

Literatur

Peter Bühler et al.
Webdesign (2. Auflage)
Bibliothek der Mediengestaltung
Springer Vieweg 2023

Peter Bühler et al.
Webtechnologien
Bibliothek der Mediengestaltung
Springer Vieweg 2023
ISBN-13: 978-3662547298

Peter Bühler et al.
Digitalmedien-Projekte: Briefing – Planung – Produktion, Bibliothek der Mediengestaltung
Springer Vieweg 2023
ISBN-13: 978-3658313777

Paul Fuchs
HTML5 und CSS3 für Einsteiger:
Der leichte Weg zur eigenen Webseite
BMU Verlag 2019
ISBN-13: 978-3966450256

Björn Rohles et al.
Mediengestaltung – Der Ausbildungsbegleiter
Rheinwerk Design 2018
ISBN-13: 978-3836245531

4.3 Abbildungen

S2, 1: www.wikipedia.de (Zugriff: 20.11.22)
S3, 1: Autoren
S3, 2: w3.org/html/logo (Zugriff: 20.11.22)
S4, 1–4: Screenshots: csszengarden.com (Zugriff: 15.12.22)
S5, 1: de.wikipedia.org/wiki/Cascading_Style_Sheets (Zugriff: 01.12.22)
S6, 1: adobe.com/de/products/dreamweaver.html (Zugiff: 01.12.22)
S7, 1: w3schools.com (Zugriff: 10.10.22)
S10, 1: Sceenshot: Google Chrome
S12, 1: Screenshot Adobe Brackets
S13, 1: Ausschnitt Quellcode von www.sueddeutsche.de (Zugriff: 16.10.22)
S14, 1: Autoren
S18, 1: Foto Madeira, Autoren
S19, 1: Autoren
S21, 1: Screenshot: Microsoft Outlook
S24, 1: Screenshot: Adobe Photoshop (Foto von pixabay.com, Zugriff: 01.11.22)
S26, 1: Autoren
S28, 1: Autoren, Fotos von pixabay.com (Zugriff: 01.11.22)
S33, 1: Screenshot: Google
S36, 1: Video pixabay.com (Zugiff: 15.12.22)
S37, 1a und 1b: Autoren (Grafik), Datenquelle: gs.statcounter.com (Zugriff: 15.11.22)
S38, 1: www.caniuse.com (Zugriff: 28.12.22)
S39, 1, 2, 3: validator.w3.org (Zugriff: 06.12.22)
S44, 1: www.sxc.hu, Image-ID: 1182067 (Zugriff: 16.11.13)
S56, 1: Screenshot: Adobe Photoshop
S58, 1: www.google.com/fonts (Zugriff: 15.10.2022)
S63, 1: Autoren (Foto)
S64, 1, 2: Autoren, Foto von pixabay.com
S66, 1: Autoren
S70, 1: Autoren
S72, 1: Autoren
S77, 1: Autoren
S79, 1: Autoren
S80, 1: Autoren
S81, 1: Autoren
S83, 1: Autoren
S84, 1: Screenshot: Filezilla
S86, 1: Autoren
S89, 1: Autoren, Tierfotos: pixabay.com

4.4 Index

U

V

W

Z

Printed by Wilco bv, the Netherlands